차와 문화

차와 문화

趙春鎬

대구한의대학교출판부

차는 인류에게 알려진 최고의 마실거리이다.

일찍부터 우리 강토에 차나무가 있어 차잎으로 차를 만들어 마셔왔다고 생각되나 자생 차의 기록은 찾아보기 어렵다. 가야 및 신라, 고려의 차문화에서 확인되는 차생활은 중국 차나무의 이식(移植)을 통해 얻어진 차잎으로 차를 만들어 마신 것이다.

이러한 차생활도 조선시대에 들어오면서 불교문화라 치부되어 사찰의 스님들에 의해 겨우 그 명맥이 이어져 오다가 조선말기에 이르러 초의선사와 교유한 다산 정약용 추사 · 김정희 등 실학자들에 의해 그 중흥의 기틀이 마련되는 듯하다가 일제 강점기에 그 전통의 맥이 끊어졌다.

1970년대 산업화의 성공으로 경제적인 여유를 갖게 되면서 전통과 예(禮)에 대한 요구가 증대되면서 우리 차문화에 관심을 갖게 되었다. 그러나 전통의 맥은 찾기가 어려웠고 사찰이나 일부 지역에서 이어져 온 차문화는 일반화 보편화 되기에 한계가 있었다.

그리하여 우리의 차문화를 가져가 자기나라의 독특한 문화로 만든 일본 차문화를 참고삼아 차문화 부흥을 도모하였다. 다도(茶道)라 불리는 일본의 차문화를 모방한 차생활의 시도는 차생활이 경제적인 여유가 있는 사람들이 하는 것으로 왜곡되어 일반인이 접하기에 많은 어려움과 불편함이 따랐다. 그러했기에 본말(本末)이 전도되어 중심이 되어야 할 차가 부차적이 되고 주변적인 형식을 강조하다보니 오히려 차를 멀러하게 되었다. 아직도 이러한 악습이 남아 차생활이 저변 확대에 부담을 주고 있는 실정이다.

차생활은 무엇보다도 건강한 마실거리의 쉽고 편한 음용(飮用)이 되어야 한다. 일상에 있어 많은 마실거리 중 가장 훌륭한 마실거리가 차라는 것을 인식시키고 차를 즐기도록 하여 건강생활을 영위하면서, 차생활을 예(禮)와 예(藝)를 갖춘 도(道)의 경지까지 이를 수 있도록 단계를 가지고 접하도록 해야 한다. 본서에서는 그러할 수 있는 기회를 제공하고자 교양으로서 차와 차생활에 대해 알아야 할 기본적인 것을 정리하여 교재로 삼고자 한다.

수 년 교양강의를 진행하면서 꼭 필요한 기본적인 강의내용을 정리한 것이기에 소략한 부분이 많다. 또한 많은 부분을 기존 차 관련 책들과 관련 인터넷 자료들의 도움을 받았다. 유인물로 강의를 진행하는 것을 본 주변의 권유와 김용섭 출판부장의 배려로 이를 상재하며 편집을 위해 애쓴 출판부원께 감사드린다.

목차

艸衣禪師茶神塔碑

첫째 마당

차의 정의

제1절 차의 개념

'차'라고 하는 것은 식사 후나 여가 시에 즐겨 마시는 기호음료를 말한다. 그러나 엄밀한 의미에서 '차'라고 하는 것은 산다화과(山茶花科)에 속하는 상록관엽수인 차나무(camellia Sinensis (L))의 어린잎을 따서 가공하여 만든 것을 말한다. 전통 차는 차나무의 순(筍)이나 어린 잎을 봄철(곡우(4/20~입하(5/6)사이))에 채취하여 산화효소를 파괴하여 발효를 방지시킨 녹차가 있으며 완전히 발효시킨 홍차(紅茶 : black tea)가 있고 반쯤 발효시킨 반 발효차도 있다.

우리나라에는 아직도 커피를 차(茶)로 알고 있는 사람들이 많다. 커피나무의 열매를 가공하여 만든 기호음료가 커피이고, 차나무의 잎을 가공하여 만든 음료가 차(茶, 홍차 · 우롱차 · 잎차 · 가루차 · 떡차 등)이다. 커피 파는 집은 '커피숍(coffee shop)'이고, 차를 마시거나 파는 집은 '다방(茶房)'이다. 차가 아닌 인삼탕을 인삼차, 쌍화탕을 쌍화차, 율무죽을 율무차, 칡즙을 칡차, 유자 가루 끓인 물을 유자차, …결명자차 · 감잎차 · 솔잎차 등 '차(茶)'자를 붙여 '국산차' '전통차' 라고 호칭하고 있다. 이렇게 '차'자를 생각 없이 사용하다 보면 수정과차 · 숭늉차 · 식혜차 · 감주차라는 말이 생길지도 모른다. 인삼이나 오미자는 높은 온도로 팔팔 끓이기 때문에 탕이라 해야 한다. 억지로 합리화시킨다고 해도, 인삼 가루나 유자 가루에 찻잎 가루를 섞어야 인삼차 · 유자차라고 할 수 있을 것이다. 차가 아닌 이들 음료는 기호식품이 아니고 '건강음료' '약용음료'이다. 굳이 '차(茶)'자를 붙이고자 한다면 '대용차(代用茶)'라고 부르는 것이 좋을 것이다.

'대용차'는 차가 쇠퇴하기 시작한 조선 중엽이후 많이 음용하게 되었는데, 일찍이 다산 정약용은 우리나라 사람들이 탕(湯), 환(丸), 고(膏)와 같은 약물 달인 것을 '차'라고 습관적으로 부르는 것은 잘못이라고 지적한 바가 있다. 차에 대한 이러한 잘못된 호칭을 하루아침에 바꾼다는 것은 현실적으로 힘들겠지만, 올바른 명칭을 찾아 사용하려는 의지와 노력이 필요하다.

이러한 차는 세계의 음료 중에서 가장 오랜 역사를 갖고 있으며 커피, 코코아와 함께 3대 기호음료로 1백 60여개 국가에서 널리 음용 되고 있다.

제2절 차의 기원

차(茶)는 언제 누가 처음으로 발견해 마셨을까. 그리고 우리 조상들은 언제부터 차를 마시기 시작했을까. 이런 생각은 차를 마시는 사람이라면 누구나 한 번쯤 해 보았을 만하다. 차를 이용한 다양한 제품이 나오고 차문화에 대한 관심이 날로 높아지고 있는 지금의 현실을 생각할 때, 현재 알려진 대로라면 우리나라 차문화의 오랜 역사에 감탄하게 되고, 또 너무 우연하게 우리 곁으로 다가왔음에 놀라게 될 것이다.

사람들이 차를 처음으로 마셨다는 설은 기원전 2700년경으로 거슬러 올라가게 된다. 중국의 다성(茶聖)으로 추앙 받는 당(唐)나라 때의 문인 육우(陸羽)가 760년경에 지은 『다경(茶經)』에는 중국의 전설에 나오는 삼황오제(三皇五帝) 중 한 사람인 염제(炎帝) 신농씨(神農氏)가 뜻하지 않은 과정을 통해 발견하게 되었다는 설이 있다.

신농씨의 발견설과 관련해 현재까지 세 가지 전설이 전해지고 있다. 첫 번째는 신농씨가 부엌에서 마실 물을 끓이고 있는데 땔감으로 사용했던 나무의 잎이 바람에 날려 뚜껑이 열린 주전자 속으로 들어갔다. 마침 그 물을 마신 황제는 향기에 홀린 나머지 그때부터 그것만 마시기를 고집했고, 이 일로 차 마시는 풍습이 널리 성행했다는 것이다. 두 번째는 신농 시대에는 환자를 돌볼 의사가 없던 때라 몸이 아픈 사람들은 직접 약초 등을 구해 끓여 마셔야 했다.

환자 돌보는 일을 자처한 신농씨가 어느 날 큰 나무 아래에서 불을 지피고 물을 끓이고 있었는데, 그 나뭇잎이 솥 안으로 떨어져 끓이던 물이 연한 황색으로 변했다. 신농씨가 그 물을 마셔 보니 쓰고 떫었지만 뒷맛이 개운하고 해갈작용에 정신을 맑게 하여 계속 마시게 되었다고 전한다. 세 번째 전설은 원시적이던 당시, 신농씨가 산천을 누비며 병자에게 좋은 약재를 구하려고 약효를 시험하던 중 백 가지 약초를 맛보던 중 수 십 가지 독초에 중독되고 말았다. 휴식을 위해 큰 나무 그늘에 앉아 있던 그의 앞으로 나뭇잎 몇 장이 떨어졌고, 그것을 입에 넣고 씹어 보았더니 정신이 맑아지고 기력을 되찾게 되었다. 이때부터 차에 약효가 있음이 사람들에게 알려져 차를 즐겨 마시게 되었다는 것이다.

이러한 전설의 사실 여부에 대해서는 알 수 없지만 현대 과학으로 살펴보면 약초의 주요 독성분인 알카로이드(Alkaloids)와 차 잎 중의 폴리페놀(Poly phenols)성분이 쉽게 결합해 해독의 효과를 나타내었고 또 카페인 성분이 강심제로 작용하여 뇌를 자극해서 소생할 수 있었던 것으로 보인다.

차에 대해 문헌상에 가장 정확하게 기록된 것은 BC 59년 전한(前漢)시대 선제(宣帝) 때에 왕포라는 선비가 만든 노예매매계약서「동약(僮約)」이다. 이 계약서에는 편료라는 남자종이 하는 일들이 적혀 있는데 여러 가지 일 가운데 한 가지가 무양에 가서 차를 사오고, 손님이 오면 차를 대접하는 일(烹茶)도 함께 포함되어 있다. 따라서 차 마시는 풍습이 전한 시대에 있었던 것만은 틀림없는 사실이다.

또 『수서(隋書)』에 등장하는 수나라 문제의 이야기가 있다. 수나라 문제가 등극하기 전(581년 황제 등극) 꿈에 귀신이 그의 뇌골을 바꾸면서부터 머리가 아팠다. 문득 만난 스님이 이르기를 "산 속에서 차가 있사오니 달여 잡수시면 마땅히 나을 것입니다."라고 하여 문제가 이를 먹었더니 효험이 있었다. 이로 말미암아 많은 사람들이 다투어 차를 마시어 천하에서 차 마시기를 비로소 알게 되었다고 전한다. 이 고사는 스님으로부터 차 마시기의 권유를 받은 것, 차를 약으로 마셨다는 것, 차 마시기의 풍습이 확산되었다는 것을 시사한다.

그러나 인류가 차를 마시게 된 것은 처음부터 마시는 기호음료로서 이용된 것은 아니고, 어린 찻잎을 먹어보아 해가 없고 특별한 효능이 있으므로 식용이나 약용으로 쓰이다가 천지 신과 조상의 제례에 사용되면서 점차 일상의 생활 중에 마시는 기호음료로 정착되었다. 그러므로 음료 차의 유래는 농경사회의 식생활 문화와 더불어 발전되었다고 볼 수 있다.

제3절 차의 명칭

1. 차(茶)와 다(茶)

중국의 육우(陸羽)가 지은 『다경』에는 차의 이름에 대해 다음과 같이 다양하게 기록되어 있다.

"차의 이름은 첫째는 '다(茶)'요, 둘째는 '가(檟)'요, 셋째는 '설(蔎)'이요, 넷째는 '명(茗)'이요, , 다섯째는 '천(荈)'이다. 주공(周公)은 말하기를 가(檟)는 쓴 차〔苦茶〕라고 하고, 양집극(楊執戟)은 촉(蜀)나라 사람들이 차를 설(蔎)이라 하더라고 말했으며, 곽홍농(郭弘農)은 일찍 딴 것은 다(茶)라고 하고 늦게 딴 것을 명(茗)이라 하며, 혹 일설에는 천(荈)이라고도 한다고 했다." "차의 맛에 따라 단 것을 가(檟), 달지 않고 쓴 것은 천(荈), 마셔서 쓰고 목구멍으로 삼킬 때 단 것이 차(茶)이다."

그러나 우리나라에서는 차를 나타내는 이 다섯 가지 이름 중 '차 다(茶)'자와 '차싹 명(茗)'자만을 사용한 듯하다. 삼국시대의 기록을 살펴보면, 신라 진흥왕(眞興王) 7년(546)에 세운 것으로 추정되는 남원 실상사(實相寺)의 수철화상(秀澈和尙) 능가보월탑비(愣伽寶月塔碑)를 비롯, 지리산 쌍계사(雙磎寺)의 진감국사(眞鑑國師) 대공탑비(大空塔碑), 충남 보령 성주사(聖住寺)의 낭혜화상(朗慧和尙) 백월보광탑비(白月葆光塔碑), 장흥 보림사(寶林寺)의 보조선사(普照禪師) 창성탑비(彰聖塔碑), 제천 월광사지(月光寺址)의 원랑선사(圓郞禪

師) 대보광선탑비(大寶光禪塔碑) 등의 비문에 '茗' 또는 '茶'자가 보이며, 『해동역사(海東繹史)』에 수록되어 있는 김교각(金喬覺) 스님이 읊은 다시(茶詩) 등이 있다.

몇 년 전 경주 안압지(雁鴨池)에서 새로 발견된 완(碗) 종류의 찻잔이 있는데, 이는 신라 토기로서 8세기경으로 제작연대를 추정하고 있으며, 잔 표면에 '貞言茶(정언차)' 라는 먹글씨가 씌어 있다. 그리고 경주 남산 창림사지(昌林寺址)에서 발견된 와당(瓦當) 파편에는 '茶淵院(다연원)'이라는 글자가 새겨져 있다. '다(茶)'자는 '명(茗)'자보다 더 많은 비중을 차지하며 비문과 와당 · 시문(詩文) · 토기 등에 이르기까지 다양하게 보인다. 이는 '다'자가 전체 차의 대명사격으로 쓰였다는 증거이다. 그러나 '茶'자를 '차'와 '다' 중 어떤 음으로 읽었는지는 알 수 없다. 이는 '차'자와 '다'자가 전체 차의 대명사격으로 쓰여졌다는 증거이다.

이외에도 차를 가리키는 말로는 불경에 나오는 '알가(閼伽)'라는 것이 있고, 영어로는 '티(TEA)'와 세계 각국의 공용학술어로 '데아(THEA)'가 있다.

2. 광동어계 차(cha)와 복건어계 데(te)

차나무는 기온이 섭씨 영하 15도로 5일 이상 계속되면 잎이 말라 죽으며, 영상 40도가 넘어도 같은 현상이 나타난다. 즉 열대지방도 온대지방도 아닌 아열대지방에 적합한 상록수로, 그 원산지는 중국의 운남성(雲南省) 산악지대와 히말라야 산 동남부로 알려져 있다. 실제로 차는 중국에서 세계 각지로 전파되었다.

따라서 차의 명칭도 중국의 전파된 지역의 발음에 따라 '차'와 '티'로 나누어진다. 현재 세계 각국에서의 차(茶)에 대한 호칭은 다음과 같다.

육로로 전파된 나라에서의 호칭은 주로 광동어계 차(cha)에서 파생된 것이다. 즉 한국-차(cha), 일본-자(jya), 몽고-차이(chai), 벵골-차(cha), 이란-차(cha), 터키-차이(chai), 포르투갈-차이(cha), 아라비아-샤이(chay), 루마니아-차에울(chah-ee-ul), 러시아 등의 '차이(chai)', 이란 등의 '차(cha)' 등이다.

한편 중국에서 해로로 전파된 나라에서의 호칭은 복건어계 데(te)에서 파생되었다. 즉, 영국-티(tea), 독일-티(tee), 네덜란드-데(thee), 핀란드-데(tee), 스페인-데(te), 이탈리아·체코·덴마크·노르웨이·스웨덴-데(te), 헝가리-데아(tea), 말레이시아-데(teh.장음), 스리랑카-데이(they), 남인도-데이(tey) 등이다.

제4절 차의 전래

우리나라에서도 오래 전부터 차를 마시기 시작했으나 언제부터 마시기 시작했는지 정확하게 알 수 없다.

자생설을 비롯해, 이능화(李能和, 1869-1943)의 『조선불교통사(朝鮮佛教通史)』에는 "김해의 백월산(白月山)에는 죽로차(竹露茶)가 있다. 세상에서는 수로왕비(首露王妃)인 허씨(許黃玉)가 인도에서 가져온 차씨라고 전한다" 라고 기록되어 있으며, 일연(一然, 906-989)의『삼국유사(三國遺事)』를 바탕으로 한 수로왕비 전래설 등이 있다.

인도로부터 차 전래설은 긍정할 수밖에 없다. 김수로왕(金首露王)과 허황옥(許黃玉)이 엄연한 실존인물이기 때문이다. 수로왕은 하늘에서 내려와, 하늘의 뜻대로 지상을 다스린 첫 군왕(君王)이다. 그리고 허황옥은 아유타국(阿踰陀國)의 공주로 서기 48년 음력 5월, 리만 해류를 타고 고국을 떠나 7월 27일 김해 별진포에 상륙하였다. 수행원 20여 명과 함께 타고 온 그녀의 배에는 비단·금·은 패물 등이 가득했는데 이 속에 차나무 씨도 있었다.

차나무는 심은 자리에서만 살도록 천명(天命)을 받은 나무이다. 허황옥이 차나무씨를 가져온 것은 "나는 이제 옮겨가선 살 수 없는 가락국 사람"이란 뜻이었다. 수로왕은 이 차씨를 김해에 심도록 했다. 여자가 시집갈 때 차나무 씨를 가져가 뒤뜰에 심는 풍습은 이로부터 생겨났다.

이때에 차가 있었다는 사실은 수로왕의 뒤를 이어 즉위한 거등왕이 즉위년인 199년에 제정한 세시풍속(歲時風俗)에 떡 · 밥 · 차 · 과일 등을 갖추어 다례(茶禮)를 지내도록 한 것에서도 확인할 수 있다.

신라 김유신은 수로왕의 12대 손이다. 문무왕에게는 김수로 왕가가 외가 쪽 조상이 된다. 이렇게 혈통이 이어진 관계로 김수로왕은, 가락국이 신라에 병합된 뒤에도 오랜 동안 가야의 시조(始)로 봉사(奉祀)되었고 다례 풍습도 이어졌다. 이는 대렴(大廉)이 당나라에서 차씨를 가져오기 3백 년 내지 6백 년 전의 이야기다.

또 다른 기록인 정사(正史)에 나타난 최초의 차 관련 자료는 김부식(金富軾, 1075-1151)이 인종 23년(1145)에 편찬한『삼국사기(三國史記)』에서 찾아볼 수 있다.『삼국사기』에 의하면, 7세기초 신라 선덕여왕(善德女王, 재위 632-646) 때부터 차를 마시기 시작했다고 한다. 또 이 기록에는 흥덕왕(興德王) 3년(828) 중국 당(唐)나라에 사신으로 갔던 대렴(大廉)이 귀국길에 그곳에서 차나무 씨를 가져와 왕명으로 지리산에 심었는데, 그때부터 차 마시는 풍속이 성행했다고 전하고 있다. 또한 신라 제35대 임금인 경덕왕(景德王, 재위 742-765)과 충담사(忠談師)와의 차에 대한 이야기를 비롯하여, 원효대사(元曉大師, 617-686)와 설총(薛聰)의 이야기나, 진흥왕 때 화랑들이 강릉의 한송정(寒松亭)에서 차를 마셨다는 기록 들이 전해지고 있다.

이 기록들은 신라 사람들이 쓴 것으로 신라 중심의 사관이 개입되었을 소지가 다분하여, 차가 전래된 연대나 사실 확인이 어렵다. 여러 가지 정황으로 미루어 볼 때 백제에 먼저 차나무가 전래되었다고 보는 견해가 지배적이다. 당시 차나무는 중국 양자강 이남에 널리 분포되어 있었으며 양자강 이남과의 교류는 해로를 통한 백제 쪽이 활발했기 때문이라는 주장이 설득력을 갖는다. 백제에 불교를 처음 전한 마라난타(摩羅難陀)가 영광 불갑사(佛甲寺)와 나주 불회사(佛會寺)를 세울 때 이 곳에 차나무를 심었다는 설이 있으며, 인도승 연기(緣起)가 구례 화엄사(華嚴寺)를 세울 때(544) 차씨를 지리산에 심었다는 화엄사측의 전설이 있기도 하다.

우리나라에 차를 전래한 나라가 중국이건 인도이건 간에, 이렇듯 다양한 우리나라의 고대 문헌에서 차 이야기를 발견할 수 있는 것은, 그만큼 당시 왕을 비롯한 고관들의 차에 대한 긍정적인 생각과 관심을 반영하는 것이다. 이후 우리나라 차문화의 역사는 본격적으로 발전하기에 이른다.

앞의 기록 이외에도 차나무는 식물학적으로 은행나무와 같이 고생대 지질에서 자생하는 근원식물(根源植物)인 데다 직근성(直根性) 및 심근성(深根性)이어서 옮겨심기 어려우며, 고생대 지질이 아니면 자생하기 어려워 우리나라 토산식물이라는 주장도 있다. 그렇다면 『삼국사기』의 기록대로 차가 왕명에 의해 지리산에 심겨 음용되었다고 보고, 처음에 그 넓은 지리산 중 어느 곳에 심었을까 하는 궁금증이 생긴다. 고려 때 기록인 『통도사(通度寺) 사리가사 사적약록(舍利袈裟事蹟略錄)』에도 "흥덕왕 3년 당(唐)에 사신으로 갔다가 돌아온 대렴(大廉)이 차씨를 가지고 와서 왕이 지리산 장죽전(長竹田)에 심게 했다"는 기록이 있어 『삼국사기』의 기록을 뒷받침해 주고 있지만, 여기서 '장죽전'이 어디인지는 확실하게 밝히고 있지 않다.

일제강점기, 우리나라 차의 자생지를 조사하기 위해 화엄사를 답사했던 일본인 이에이리 가즈오(家入一雄)는, 동네 주민과 스님들이 화엄사 입구 오른쪽을 '장죽전'이란 부르고 있으며 그 일대에서 차가 자생했다는 주장이 있어, 차의 최초 재배지는 화엄사 일대라고 추측했다. 그러나 하동 쌍계사(雙磎寺) 인근이 차의 시배지(始培地)라는 주장도 설득력을 얻고 있는 것이 사실이다. 이에 뜻있는 전국의 차인(茶人)들이 정성을 모아 1981년, 이곳에 '대렴공(大廉公) 차 시배추모비'를 건립했고, 이를 기념해 매년 신차(新茶)가 나는 5월 25일을 '차의 날'로 정했으며, 매년 이날을 기해 성대한 차문화 행사가 전국에서 열리고 있다.

실제로 오래 전부터 화개장터에서 쌍계사를 거쳐 칠불암(七佛庵)에 이르는 산길 좌우에는 십육 킬로미터에 걸쳐 자생 차나무가 있었으며, 초의선사(草衣禪師)는 『동다송(東茶頌)』에서 "지리산 화개동은 차나무가 사오십 리에 걸쳐 자생하고 있다. 우리나라에서 차밭이 이곳보다 더 성한 곳이 없을 것으로 생각한다" 고 기록했을 정도이다.

둘째 마당

차나무

차나무의 학명은 Cammellia Sinensis(L)로서 린네(C.V. Linne)의 분류에 의하면 차나무과 (Theaceae) 차나무속(Thea) 차나무(Sinensis)이다.

제1절 차나무의 형상

육우는 『다경』에서 차나무의 생김새를 그 나무는 과로와 같고, 잎은 치자와 같으며, 꽃은 흰장미와 같고 열매는 병려와 같으며, 줄기는 정향과 같고, 뿌리는 호도를 닮았다고 하였다. 잎은 짙푸른 긴 타원형으로 잎 둘레에 톱니가 있으며 약간 두텁고 윤기가 흐르고 질기다.

꽃은 9월에서 11월 사이에 걸쳐 흰장미나 흰 찔레꽃 같은 꽃이 피며, 동백나무 씨앗같은 열매는 꽃이 핀 이듬해인 10월~11월 사이에 영글므로 가을에 새 꽃과 열매가 만난 후(實花相逢樹)익어 터진다. 지름은 1cm정도이며 번식 외에 기름을 짜서 쓰며, 그 찌꺼기는 비료로 쓴다. 뿌리는 세근(細根)이 적고 깊이 흙 속에 내리며 주근은 2~4m까지 뿌리를 내리는 심근성(深根性)이어서 이식이 어렵다.

그러나 교잡은 쉬워 잡종과 변종이 많다. 우리의 선인들은 자녀들이 결혼할 때 이와 같은 성정을 지닌 차나무에서 만든 차를 다른 예물과 더불어 주고받았다. 특히 여인들은 시집을 갈 때 반드시 차를 가지고 가서 정성스레 차를 달여 사당에 올렸다. 이는 단순히 한 잔의 차를 올리는 행위가 아니고 차나무가 지니고 있는 성정(性情)을 받들겠다는 굳은 결의를 하는 것이다.

즉 차나무의 늘 푸른 잎과 같이 언제나 마음을 변함없이 가질 것이며 심근성이어서 옮겨 심으면 곧잘 죽어버리므로 옮겨 심지 않은 차나무처럼 그 집에 뿌리를 내려 가문을 번창시키며 오래도록 지킬 것을 약조하는 의미를 내포하고 있다. 차나무는 우리 선조들의 생활 속에서 불경이부(不敬二夫)의 정절(貞節)을 상징하는 것으로 사랑받아 왔다.

제2절 차나무의 품종

차나무에는 수십 미터의 교목이 있는가 하면 30cm 밖에 안 되는 관목이 있고, 차 잎의 길이도 25cm의 대엽종이 있는가 하면 3cm 정도밖에 안 되는 소엽종도 있다. 차나무 품종은 차 잎의 크기에 따라 중국 소엽종과 대엽종 및 인도 아샘종(인도대엽종), 버어마산종의 4종류로 구분하고 있다.

1. 중국 소엽종(Var. bohea)

여러 개의 줄기로 된 떨기나무(multistem : 관목) 이며, 길이 4~5센터미터의 단단하고 짙푸른 잎이 8~12개 마주 달려 있으며 잎줄기는 6~8쌍이다. 나무크기가 2~3m밖에 안되고 겨울철 추위에도 비교적 강한 편이라 품종을 개량하여 다량 생산할 수 있는 좋은 수종이다. 재배할 때는 수익성 때문에 줄기와 가지를 잘라 1m 정도로 키운다. 중국의 동남부와 한국, 일본, 타이완 등에 분포되어 있으며 주로 녹차용으로 쓰인다.

2. 중국 대엽종(VAr, macrophylla) 또는 운남 대엽종

키가 5~32m까지 자라는 큰키나무이며, 길이 13~15cm(엽장), 넓이 5~6.5cm의 타원형의 큰 잎을 가지고 있으며 잎줄기는 8~9쌍이다. 중국의 사천성, 운남성에 분포하고 있다. 주로 우롱차나 보이차용으로 많이 쓰인다.

3. 인도 아샘종(Var, Assamica)

높이가 10~20m까지 자라며 줄기가 하나인 큰키나무(single : 교목)와 여러 가지 변종이 있다. 잎은 넓어서 22~30cm이며, 엽질은 엷고 부드러우며, 잎색은 짙은 농녹색이고 잎줄기는 12~16쌍이다. 인도의 아샘(Assam), 매니푸(Maipur), 카차르(Cachar) 지방에서 주로 생육된다.

4. 버마 산(Shan)종

높이가 4~10m에 달하고 잎은 비교적 넓어서 15cm내외가 되고 엽색은 엷은 녹색이며 잎줄기는 열 쌍이다. 버마의 샨 공원이나 타이 북부지방에 분포되어 있다

우리는 차나무의 품종에 따라 각기 알맞는 차를 만든다. 우리나라의 야생종은 모두 녹차 만들기에 알맞은 품종이다. 그리고 인도종은 홍차 만들기에 알맞고, 중국종은 백차, 오룡차, 떡차 만들기에 알맞은 품종이다.

우리나라에서 자생하는 차나무는 중국 소엽종 계열로서 온대성 기후에 알맞고 추위에도 강한 품종으로 수입연대는 정확히 알 수 없는 재래종 차나무이다. 그리고 전남지방 일부 다원에서 대량으로 재배하고 있는 차나무는 일본에서 수입한 야부끼다 종 차나무로서 생산량이 많고 추위에도 비교적 잘 견딘다. 그러나 추위에도 가장

잘 견디고 동사율이 낮은 차종은 재래종이므로 우리나라의 기후나 토양에 맞는 품종개발과 보급이 필요하다.

제3절 차나무의 분포

1. 세계적 분포

차나무 재배의 북방한계는 북위 45°에 위치한 소련의 크라스노다르에서 남위 30°에 가까운 아프리카의 나탈과 북부 아르헨티나이다. 많이 생산되는 곳으로는 인도 스리랑카 공화국(실론섬 포함), 중국, 일본, 아프리카 여러나라, 소련의 코카서스 지방, 남아메리카 일부 지방이다.

2. 우리나라의 분포

한반도의 역사적 북방한계는 북위30°30′~35°30′로써 동경 126°10′~128°10′이내의 지역에서 차나무가 자랐다. 한반도에서는 같은 위도에서도 겨울의 저온, 일교차, 봄의 지나친 건조와 늦서리, 강우량 부족 등의 생육 제한조건 때문에 차나무의 북방한계는 북위 33°선 이남인 전라북도의 김제, 남원, 경상남도의 함양, 울산 이남에서 제주도까지이다.

일제말기 타이완에 차나무를 이식하여 다원(茶園)을 만들어 차잎을 수입하던 일본 차농(茶農)이 우리나라 전라남도 일원 - 강진 · 보성 등에 대단위의 다원을 조성하여 개량종 속성재배 차나무인 야부기다 종을 심었으나 수확하기 전 광복이 되어 오랫동안 방치되는 어려움을 겪기도 하였다. 최근 육종학이 발달하여 대구 팔공산을 비롯하여 화랑 사선(四仙)이 주유하던 강릉 · 양양 등에도 차밭을 대량으로 조성하고 있어 차나무의 생육환경과 조건을 제한하여 언급하기 어렵게 한다.

제4절 차나무의 재배환경

1. 입지조건

개울물을 굽어보며 배수가 잘되는 산골에 해풍이 불고 습기를 머금은 공기가 산에 닿아서 안개가 되어 개울물과 함께 흐르는 산 중턱의 경사지가 이상적인 재배적지이다.

2. 토양

육우는 『다경』에서 "상품의 차는 자갈밭에서 나며 중품의 차는 사질양토에서 나며 하품의 차는 황토에서 난다"고 하였다. 가장 이상적인 토양은 겉흙이 깊고 모래와 조약돌이 섞인 부식토로서 배수가 잘 되면서도 보수력이 강한 곳이다. 산도는 PH5 안팎의 약 산성이 알맞다.

3. 기온

연평균기온이 12℃에서 17℃~18℃사이의 기온에서 잘 자란다. 최고 온도는 32℃를 넘어서는 안되며, 6℃의 저온에서는 차나무를 인공적으로 보호하여야 한다. 우리나라 차나무 잎의 동해(凍害) 한계 기온은 영하 5℃~10℃이다. 우리나라 차 재배지의 연평균 기온을 살펴보면 제주도의 서귀포는 15.5℃, 전남 보성은 13.1℃ 광주는 12.8℃이다.

4. 강우량

연평균 강우량은 1400mm~2400mm이어야 하며, 60%이상이 생육기간인 봄, 여름에 내리는 것이 좋다. 우리나라 차 재배지의 연평균 강우량을 살펴보면, 제주도의 서귀포가 1816mm, 전남의 보성이 1429mm, 광주가 1222mm이다.

5. 일조(日照)량

홍차의 경우는 충분한 일조량이 요구되지만 녹차의 경우는 일조가 강열하면 차 잎의 섬유가 발달하여 프라본(flavone : 황색색소)의 함량이 많아져 쓰고 떫은맛이 늘러난다. 그러므로 해가림으로 일조량을 조절하여 차맛을 좌우하는 아미노산의 함량을 늘이는 것이 좋다. 즉, 반양반음(半養半音)인 양지바른 벼랑의 그늘진 숲 속이 좋다.

6. 번식법

종자번식법과 삽목, 취목, 근삽 등의 영양번식법에 의해서 번식된다. 과거에는 종자번식이나 나무 가지를 땅에 묻어 뿌리가 나게하는 휘묻이 방법을 사용하여 왔으나 최근에는 모수(母樹)의 형질을 그대로 간직하는 삽목(꺽꽂이)를 많이 이용하고 있다.

삽수는 보통 2년 정도 지난 뒤 차밭에 정식으로 옮겨 심는다. 차나무 식재는 3월경에 묘목을 차밭에 옮겨 심은 뒤 보통 3~4년 정도 지나야 차 잎의 수확이 가능하다. 차나무는 몇 백년까지도 살 수 있지만 수명이 오래 될수록 생산량이 떨어지기 때문에 대개 40년 정도 지나면 개식작업을 하게 된다.

제5절 한국의 차나무 재배지

1. 「동국여지승람(東國輿地勝覽)」에서

① 경상도(慶尙道)

- 울주군蔚州郡 두서면斗西面 학성鶴城
- 양산군梁山郡 신평부근新坪附近
- 동래군東來郡 다도茶道
- 밀양군密陽郡
- 진양군晋陽郡 신라新羅 대렴지래大廉持來
- 곤양군昆陽群
- 하동군河東郡
- 산음군山陰郡 지곡사智谷寺
- 단성군丹城郡 지리산智異山
- 고성군固城郡
- 진해鎭海

② 전라도全羅道

- 전주부全州府 천룡사天龍寺
- 나주부羅州府 금성산錦城山
- 광산현光山顯 증심사證心寺 · 원효사元曉寺 · 무등산無等山
- 영광현靈光縣 불갑사佛甲寺
- 함평현咸平縣 용천사龍泉寺 · 고산사高山寺 · 월량사月良寺

- 고창현高敞縣
- 장성현長城縣 금오산金鰲山
- 진원군珍原郡
- 무장군茂長郡
- 흥덕군興德郡
- 부안군扶安郡 변산邊山 · 능가산楞伽山 · 영주산瀛州山
- 옥구군沃溝郡
- 태인군泰仁郡 용장사龍藏寺
- 남평군南平郡
- 무안군務安郡
- 강진군康津郡 만덕산萬德山 백련사白蓮寺
- 해남군海南郡 대흥사大興寺
- 남원군南原郡
- 담양군潭陽郡
- 순창군淳昌郡
- 순천군順天郡 송광사松廣寺 선원禪院
- 낙안군樂安郡
- 보성군寶城郡 대원사大元寺
- 능성군陵城郡
- 광양군光陽郡 다압多鴨 · 옥곡玉谷 · 진월면津月面
- 흥양군興陽郡
- 동복현同福縣
- 화순군和順郡

2. 「동국여지승람(東國輿地勝覽)」에 기록이 없는 차산지

- 경남 함양군咸陽郡 서하면西下面 봉전리鳳田里 다전茶田
- 경남 거제군巨濟郡 연초면延草面 고현리古縣里·다공리茶貢里
- 삼천포시三千浦市 와룡산臥龍山 남록南麓
- 양산군梁山郡 통도사通度寺 공사다원貢寺茶院
- 울산군蔚山郡 학성鶴城 웅상면熊上面 다전리茶田里
- 고성군固城郡 하일면下一面
- 통영군統營郡 도산면道山面
- 김해군金海郡 김해읍金海邑 동산東山國民學校 다촌茶村
- 전북 남원군南原郡 선은사禪隱寺
- 전남 구례군求禮郡 화엄사華嚴寺
- 전남 강진군康津郡 성전면城田面 월남리月南里 백운산白雲山
- 강진군康津郡 도광면道光面 만덕산萬德山 일대
- 강진군康津郡 성전면城田面 무위사無爲寺
- 강진군康津郡 성전면城田面 수양리秀陽里 다등茶登
- 해남군海南郡 대흥사大興寺 두륜산頭輪山 일대
- 무안군務安郡 무안읍務安邑 약사藥寺 죽림竹林
- 나주군羅州郡 다도면茶道面 운흥사雲興寺 · 불회사佛會寺
- 나주군羅州郡 월출산月出山 일대一帶
- 광주시光州市 무등산無等山

3. 현재 확인되는 차산지

- 경남 하동군河東郡 화개면花開面 쌍계사雙磎寺 일대
- 광주시廣州市 무등산無等山 춘설원 春雪園
- 사천군泗川郡 곤양면昆陽面 다솔사多率寺
- 해남군海南郡 삼산면三山面 장춘동長春洞 두륜산頭輪山 일대
- 강진군康津郡 만덕산萬德山 백련사白蓮寺
- 강진군 성전면城田面 무위사無爲寺 일대
- 나주군羅州郡 다도면茶道面 불회사佛會寺
- 나주군 다도면 운흥사雲興寺
- 경남 양산군梁山郡 통도사通度寺 극락암極樂庵 뒤
- 부산시 범어사梵魚寺 대웅전大雄殿 뒤
- 부산시 구덕산九德山 경남고등학교慶南高等學校 뒤
- 전남 보성군 일대
- 경남 사천군泗川郡 다솔사多率寺 일대
- 전남 순천군順川郡 송광사松廣寺 일대
- 전남 곡성군谷城郡 일대
- 전남 광양군光陽郡 백운산白雲山 일대
- 전남 장흥군長興郡 천관산天冠山 남록南麓 일대
- 제주도 일원
- 경남 밀양시 다도면
- 대구시 동구 팔공산 일원

셋째 마당

차의 종류

차를 만드는 방법에 따라 색(色), 향(香), 미(味)가 달라지고 또 이름도 다르게 부른다. 찻잎을 발효시켜 만드는가 발효시키지 않고 만드는가에 따라 다르며, 또 쪄서 만드는가 볶아서 만드는가에 따라, 제조방법 및 품질에 따라서도 구별할 수 있다.

제1절 발효 정도에 따른 분류

발효(醱酵)라 함은 적당한 온도와 습도에서 찻잎 속에 들어있는 탄닌(폴리페놀) 성분이 산화효소인 폴리페놀 옥시디아제에 의해 산화되어 녹색이 누런색(데아플라빈)이나 붉은 색(데아루비킨)으로 변하면서 복잡한 화학반응을 일으켜 독특한 향기와 맛이 만들어지는 과정이다. 발효가 많이 된 것일수록 마른 차는 검붉은 색이 되며 차 탕은 홍색이 진하다. 발효가 적게 된 것은 찻물이 녹황색이나 황금색이다.

1. 불발효 차(0% 발효)

찻잎을 전혀 발효시키지 않고 엽록소를 그대로 보존시켜서 만든 차로 녹차계열(엽차, 말차)이 이에 속한다. 녹차는 가마에서 덖어내는 부초차(釜炒茶)와 시루에서 쪄내는 증제차(蒸製茶)가 있는데, 산화효소를 파괴시켜 차잎의 녹색이 그대로 유지되도록 만든 차이다. 부초차는 맛과 향이 좋고 증제차는 색이 곱다.

2. 부분발효 차(10-80% 발효)

찻잎을 햇빛이나 실내에서 시들리기와 흔들기를 하여 차잎의 폴리페놀 성분 을 10~70% 정도 발효시켜서 만든 차로 중국의 복건성과 광동성, 그리고 대만에서 주로 생산되고 있다.

원래 우롱차는 50-60% 가량 발효정도가 높은 차를 일컫지만 지금은 발효 정도가 낮은 포종차류를 포함해서 모두 우롱차로 부르기도 한다.

자스민차는 15~20%, 포종차는 30~40%, 오룡차 는 60~70%, 황차는 85% 발효시킨 부분 발효차이다.

3. 강발효 차

찻잎을 완전히 발효시켜서 만든 홍차 계열이 이에 속한다. 각국에서 생산되는 홍차(black tea)는 95%이상을 발효시킨 차이다.

홍차의 제조과정은 시들리기, 비비기, 발효, 건조의 순서이며 홍차의 특유한 향기는 시들리기와 발효에 의한 것이고 맛은 탄닌 성분에 의한 것이다.

4. 후발효 차

녹차의 제조방법과 같이 효소를 파괴시킨 뒤 찻잎을 퇴적하여 공기 중에 있는 미생물의 번식을 유도해 다시 발효가 일어나게 만든 차로 보이차, 육보차 등이 이에 속한다.

제2절 제조방법에 따른 분류

1. 잎차

잎차는 차나무의 잎을 그대로 볶거나 찌거나 발효시키기도 하여 찻잎의 모양을 변형시키지 않고 원래대로 보전된 것을 말한다. 잎 차의 종류는 부초차, 증제차, 부분발효차로 나눌 수 있다. 이러한 잎 차는 조선시대부터 성행하던 것으로 지금은 거의 모두가 이 잎차를 많이 애음하고 있다. 잎차의 재료는 차나무의 잎 오직 한 가지로서 제다 방법, 차나무 산지, 제다한 사람, 제다 회사, 찻잎을 채취한 시기 등에 따라 그 이름을 달리하고 있다.

2. 가루차

시루에서 쪄낸 찻잎을 그늘에서 말린 다음 가루를 내어 만든 차로 점다(點茶)하여 차유(茶乳)로 마신다. 가루차는 떡 차를 가루내서 만들기도 하고 다른 하나는 잎 차를 가루내서 만들기도 한다. 떡 차를 가루내서 만든 가루차는 우리나라의 전통적인 가루차이고 잎 차를 가루내서 만든 가루차는 요즘에 일본에서 유입된 방법이다. 이 분말 차는 삼국시대부터 애음해 오던 것으로 그 제조방법이 복잡하고 사용법이 까다로워 우리나라는 조선시대에 들어 쇠퇴해 버렸으나 잎차와 더불어 널리 보급되어야 할 것이다.

3. 떡차(餠茶)

찻잎을 시루에 넣고 수증기로 익혀서 절구에 넣어 떡처럼 찧어서 틀에다 박아낸 고형차이다. 고려 때에는 뇌원다(腦原茶), 유다(孺茶), 청태전(靑苔錢) 등의 떡차가 있었다. 동전모양으로 만들면 돈차(錢茶), 둥글게 만들면 단차(團茶), 인절미 모양으로 만들면 병차(餠茶)가 되고, 벽돌이나 판자 모양으로 만들면 전차(磚茶)가 된다. 돈차는 삼국시대부터 유래된 것으로 이러한 차들은 먹을 때 가루를 내어 마시기도 하고 그냥 그대로 덩어리로 우려 마시기 도 하고, 전차는 칼로 깍거나 부스러뜨려 끓여 마신다.

4. 혼합차

① 화차(花茶)

화차는 차잎에 꽃향기가 흡착되도록 하여 만든 차로서 자스민차가 가장 널리 알려져 있다. 중국의 자스민 차는 녹차에 자스민 꽃을 첨가하여 만들며, 대만에서는 발효시킨 포종차에 꽃을 첨가하여 만들기도 한다. 자스민차 이외에도 국화꽃이나 장미꽃 또는 난꽃 등을 첨가하여 화차를 만들기도 한다.

② 현미차

현미를 볶아서 차와 섞어서 만든 차로 맛이 구수하여 차를 시작 하는 초보자들이 마시기에 알맞다.

5. 녹전차(綠磚茶 : Green Brick Tea)

1차 가공된 녹차를 재료로 하여 2차 공정에서 증기를 통하여 누룩곰팡이를 번식시켜 압착한 것으로 완제품은 갈색이다. 히말라야산 주변의 티베트계 민족이 녹전차(綠磚茶)를 마셔 야채 대신 비타민 C를 섭취한다. 흑전차 (黑磚茶)는 누룩균이 발효된 보이차(잎차)가 원료이며 홍전차(紅磚茶 : Black Brick Tea)는 홍차가루가 원료이고 매우 딱딱하며 러시아에서 즐긴다.

제3절 찻잎 채취시기와 품질에 의한 분류

명(明)나라의 장원은 『다록(茶綠)』에서 "차를 따는 철은 그 때가 귀중하다. 너무 이르면 맛이 온전치 못하고 늦으면 신령스러움이 흩어진다."고 하였다. 차는 일찍 딸수록 전 질소 함유량이 많아서 좋은 차를 만들 수 있다.

1. 잎을 따는 시기에 따른 구분

- 봄차 첫물차 : 양력 4월 하순(곡우)~5월 상순
- 두물차 : 양력 5월 하순~6월 상순
- 여름차(세물차) : 양력 6월 하순~7월
- 가을차(끝물차) : 양력 8월 하순(처서)~9월 상순(백로)

2. 찻잎의 여리고 굳은 정도에 따른 구분

① 세작(細作,上雀)

곡우~입하경에 딴 차로 잎이 다 펴지지 않은 창(槍)과 기(旗)만을 따서 만든 차다. 우리나라의 곡우 5일전에 딴 것을 작설차라 하는데 이는 중국 다인들이 송나라 때 부터 오늘에 이르기까지 불러온 이름으로 이는 싹의 모 양이 참새의 혀 모양을 한 것에서 연유한 것이다.

② 중작(中雀, 보통차)

잎이 좀 더 자란 후 창(槍)과 기(旗)가 펴진 잎을 한두 장 함께 따서 만든 차로 일명 명차(銘茶)라고도 한다.

③ 대작(大雀, 거친차)

중차보다 더 굳은 잎을 딴 것으로 조차(粗茶)라고도 한다.

■ 창(槍)과 기(旗)

창(槍)은 가지에서 처음에 나오는 움이며, 기(旗)는 잎이 피기 시작 된 것이다.

제4절 차의 색상에 따른 분류

보통 차의 제조공정과 제품의 색상에 따라 백차, 녹차, 황차, 우롱차, 홍차, 흑차 등의 6가지로 분류하고 있다. 이상의 내용은 중국의 차 문화가 가장 다양하고 일반화되어 있으므로 중국의 차 분류를 기준으로 한다.

1. 백차(白茶)

백차는 솜털이 덮인 차의 어린 싹을 덖거나 비비기를 하지 않고 그대로 건조시켜 만든 차로서 차잎이 은색의 광택을 낸다. 백차는 향기가 맑고 맛이 산뜻하며 여름철에 열을 내려주는 작용이 강하여 한약재로도 많이 사용한다. 중국 복건성(福建省) 정화, 복정 등이 주산지이다. 백차는 차싹이 크고 솜털이 많은 품종을 선택하여 이십사절기 중 청명(淸明) 전후 2일 사이에 걸쳐 제조한다. 특별한 가공과정을 거치지 않고 그대로 건조시키면서 약간의 발효만 일어나도록 하기 때문에 가장 간단한 차이다.

① 백호은침(白毫銀針)

백차 중에서도 최고급품으로 봄에 나온 어린 싹만을 따서 만들기 때문에 차잎 표면에 흰색의 솜털이 붙어 있어 은백색을 나타낸다. 찻잔에 뜨거운 물을 부으면 차잎이 하나씩 세워져 마치 꽃잎이 춤을 추는 듯이 아래 위로 오르내리는 모양이 매우 우아하다. 또한 향기가 좋고 단맛이 남으려 떫은 맛이 적고, 녹차보다 오래 보관하여도 향미의 변화가 적다.

② 백모단(白牡丹)

백호은침을 만드는 어린 싹보다는 조금 더 자라서 잎이 약간 펴진 상태에서 따서 만든 차로서 가격 역시 백호은침보다 약간 싼 편이다. 녹색의 차잎에 흰색털이 끼어 있는 모양이 목단의 꽃과 같다고 하여 백모단이라는 이름이 붙여졌으며, 향기가 상쾌하고 맛 또한 산뜻하다.

2. 녹차(綠茶)

차잎을 따서 바로 증기로 찌거나 솥에서 덖어 발효가 되지 않도록 만든 불발효차이다. 중국과 일본 등이 주요 녹차 생산국으로 중국에서는 덖음차가, 일본에서는 증제차가 주로 생산되고 있다. 우리나라의 경우는 덖음차가 주류를 이루고 있고 증제차는 전체 생산량의 25% 정도를 차지하고 있다. 또한 열처리 과정에서 증기로 찐 다음 덖음차와 같이 말아진 형태로 만든 옥록차도 생산되고 있는데 이는 증제차의 산뜻한 맛과 덖음차의 고소한 맛이 조화된 새로운 형태의 녹차이다.

① 증제차

차잎을 100도 정도의 수증기로 30-40초정도 찌면 차잎 중의 산화 효소가 파괴되어 녹색이 그대로 유지되고 부드러운 증제차가 된다. 증제차의 형상은 비늘과 같은 침상형으로 차의 맛이 담백하고 신선 하며 녹색이 강하다.

② 옥록차

옥록차는 증제차와 마찬가지로 먼저 생잎을 수증기로 찐 다음 덖음차와 같이 구부러진 모양으로 만든 차이다. 담백한 맛과 구수한 향이 특징이며 엽록소의 파괴가 적어 녹색이 강한 편이다(태평양제다에서 나온 차임)

③ 덖음차

덖음차는 생잎 중의 산화효소를 파괴시키기 위해 솥에서 덖어서 만들기 때문에 풋내가 적고 구수한 맛이 특징이다. 특히 수제로 만든차는 기계로 만든 차보다 녹색이 떨어지며 열처리시간이 길기 때문에 수색이 황녹색을 띠고 비비기가 부족해 고소한 향은 있으나 맛이 담백하다. 반면에 기계로 제조된 것은 위생적이고 녹색이 강하며 맛이 진한 특징이 있다.

④ 현미녹차

현미녹차는 증제차에다 볶은 현미를 혼합하여 만든 차로서 녹차의 산뜻한 맛과 볶은 현미의 구수한 맛이 조화되어 누구나 부담없이 마실 수 있다.

⑤ 말차

말차는 차광 재배한 차잎을 증기로 찐 다음 건조시켜 맷돌과 같은 말차 제조용 기계를 사용해 아주 미세한 가루로 만든 차이다. 떫은 맛은 적고 아미노산과 엽록소가 많아 가루차 그대로 물에 타서 마시거나 차빵. 차국수, 차아이스크림 등 여러 가지 식품소재로 이용되고 있는 특히 물에 녹지 않는 비타민A나 토코페롤, 섬유질 등을 그대 로 섭취할 수 있어 영양가치가 높다.

⑥ 용정차(龍井茶)

중국 녹차의 대명사로 중국 절강성 항주의 서호(西湖)주변의 산에서 생산되는 차이다. 오늘날에는 용정에서만 생산되는 차를 용정차라 하지 않고 용정 외에도 사봉, 운서, 호포, 매오 등지에서도 생산된다. 아주 어린 싹만을 따서 만들기 때문에 제조과정이 까다롭다. 처음 덖는 과정에서 최종 제품이 될 때까지 솥 안에서 덖고 비비기를 하여 편평한 모양의 차가 되도록 만든다. 차의 맛이 부드럽고 향이 독특하나 우리나라 사람들의 기호에는 다소 부적합한 편이다.

⑦ 주차(珠茶)

차가 진주와 같이 둥글게 말린 모양을 하고 있기 때문에 주차라 고 부르며 중국의 절강성, 안휘성, 강서성 등지에서 주로 생산되고 있다. 차의 수색은 황색이 진한 황녹색이고 약간 떫은 맛을 낸다. 차를 우려내는 동안 둥글게 말린 차잎이 크게 펴지기 때문에 모양을 감상하면서 마시는 즐거움이 있다.

⑧ 동정벽라춘(洞庭碧螺春)

중국의 녹차로서 소주 오홍현 동정호의 동산과 서산에서 난다. 벽라춘은 향기가 높고 맛이 부드러우며 잎이 가늘고 어리며 우려낸 빛깔이 벽록색이다. 만들어진 찻잎은 나선형이고 잎에는 녹용에 있는 털과 같은 것이 있다. 차색은 벽록색이고 찻잎은 소라 고동처럼 나선형을 하고 있고 동정산 벽록봉 아래에서 난다고 하여 벽라춘이라 이름하였다고 전한다.

벽라춘은 7등급으로 나누어지는데, 낮은 등급으로 갈수록 잎이 커지고 털이 적어진다. 그러나 급이 낮을지라도 다른 녹차보다 그 잎이 더 어리다. 이것은 벽라춘이 아주 이른 시기의 춘분과 곡우 사이에 만들어 진다는 것을 의미한다.

⑨ 황산모봉차(黃山毛峰茶)

모봉차가 생산되는 황산은 중국 안휘성의 유명한 명승지로서 중국의 5대 명산 중의 하나이다. 황산모봉차는 작고 흰 은빛털이 찻잎을 덮고 있는 차이지만 중국의 차소개서에는 백차로 분류하지 않고 녹차로 분류하고 있다. 황산 모봉차는 작고 흰 은빛털이 온몸에 감고 있어, 마치 여우털이나 밍크를 온몸에 감고 있는 귀부인을 연상시킨다. 또 높은 향기와 부드러운 맛이 자랑이다. 맛이 신선하고 부드러우며 어린잎이 많은 백호를 가지고 있다. 그리고 찻잎의 빛깔은 황록색이고 우려낸 탕색은 맑고 투명하다 또한 우려낸 잎도 선명한 황록색을 띠고 있다. 찻잎은 넣고 물을 부으면 찻잎이 둥둥 뜨다가 계속해서 물을 부으면 천천히 가라앉는다. 모봉차는 청차와 녹차 만드는 방법과 같다.

3. 황차(黃茶)

황차는 차잎의 색상과 우려낸 수색 그리고 차잎찌꺼기의 세 가지 색이 모두 황색을 띤다. 황차는 중국의 6대 차류 중의 하나로 그 역사가 매우 오래되었다. 녹차를 제조하는 과정에서 잘못 처리되어

황색으로 변화되면서 우연히 발견된 황차는 송대(宋代)에는 하등제품으로 취급 되었으나 연황색의 수색과 순한 맛 때문에 고유의 제품군을 형성하게 되었다.

황차는 녹차와는 달리 차잎을 쌓아두는 퇴적과정을 거쳐 습열상태에서 차엽의 성분변화가 일어나 특유의 품질을 나타내게 된다. 녹차와 오룡차의 중간에 해당되는 차로서 차엽 중의 엽록소가 파괴되어 황색을 띠고, 쓰고 떫은 맛은 내는 카테킨 성분이 약 50-60% 감소되므로 차의 맛이 순하고 부드럽다. 또한 당류 성분과 단백질의 분해로 당(糖) 성분과 유리 아미노산이 감소되어 단맛이 증가되며 고유의 풍미를 형성 하게 된다.

① 군산은침(君山銀針)

군산(君山)은 중국 호남성(湖南省) 악양현의 동정호(洞庭湖) 가운데 있는 섬으로서 이 동정호 근처에서 생산되는 차다. 이 차는 중국의 당대(唐代)에서 비롯하였고 청대(淸代)에는 황실에 바쳐지던 귀한 차이다. 군산에서는 원래 녹차를 생산하다가 후대로 가면서 황차로 바꾸어졌다. 이 차는 청명(淸明)전후 3-4일에 걸쳐 어린 잎을 따서 먼저 솥에서 열처리를 한 뒤, 1차 건조를 시킨다. 다시 수분함량이 50-60% 정도에서 종이로 싼 뒤 목상자나 철제상자에 넣고 40-48시간 저장시켜 만 든다. 군산은침은 향기가 맑고 맛은 부드럽고 달고 상쾌하며, 우려 낸 차의 빛깔은 밝은 등황색이다. 차싹은 백호가 많고 잎의 모양은 곧고 가지런한 것이 담황색을 띄고 있다. 이 차에 더운 물을 부으면 차싹이 곧게 뜨다가 천천히 가라 앉는다.

② 몽정감로차(蒙頂甘露茶)

몽정감로차는 중국의 오랜 역사와 전통을 가진 차로서 당나라 때부터 널리 알려진 차로 몽정차라고도 한다. 중국의 사천성 몽산의 정상에서 난다. 당대(唐代)의 문헌인 <국사보>에서는 몽정차를 황차 중에서 가장 뛰어난 차라고 했다. 옛날에는 공물로 바쳐지는 몽정차를 만들 기 위해서 관원과 승려가 제사를 지낸 다음에 차를 땄다고 한다. 몽정차의 맑은 향기는 오랫동안 지속된다. 그 맛은 달고 신선하며 우려낸 차빛은 밝은 황금색을 띤 녹색이다.

그리고 차의 외형은 잎 하 나가 완전한 모양을 하고 있는데, 고산차의 특징인 가는 바늘 같은 모양의 잎이 백호를 가지고 있다는 것이다. 그 빛깔은 벽록색이다.

4. 오룡차(烏龍茶)

오룡차는 중국 발음으로 통상 우롱차로 불린다. 그러나 우리의 한자 발음으로 그냥 오룡차라 하는 것이 아무래도 친근감이 든다. 이 오룡차는 중국의 남부 복건성(福建省)과 광동성(廣東省), 그리고 대만에서 생산되고 있는 중국 고유의 차이다. 녹차와 홍차의 중간의 발효 정도가 20-65% 사이의 차를 말하며 반발효차로 분류된다.

오룡차란 이름은 11세기 북송(北宋)시대의 기록 중에 나타나 있으나 이때에는 지금의 오룡차가 미처 생산되지 않았기 때문에 산지의 명칭에 유래되었다는 설과 품종에서 연유 되었다는 주장, 그리고 송대에 제조된 용무늬가 새겨진 떡차(龍鳳團茶)가 잎차 형태로 변하면서 차잎 모양이 까마귀와 같이 검고 용처럼 구부러져 있다고 하여 이처럼 불렸다는 설 등 여러가지 주장이 있다.

오룡차는 중국 복건성에서 생산되는 무이산의 암차가 그 원류이다. 대만의 오룡차도 이 복건성의 오룡차가 대만으로 건너간 것이다. 복건성 숭안현 남쪽에 있는 무이산은 산세에 변화가 많아 무이산 36봉 72암이라고도 한다. 해발 700여 미터에 붉은색 사암으로 된 토양은 차나무가 자라기에 알맞아 차나무가 무성하다. 여기에서 나오는 암차가 육계, 수선, 오룡, 철라한, 대홍포, 기란, 매점 등의 품종이 있다. 그 가운데 이름난 것은 육계, 수선 그리고 오룡차이다.

무이암차의 찻잎을 따는 기준은 녹차와는 다르다. 녹차는 어린 찻잎을 따지만, 무이암차는 다 펼쳐진 찻잎을 딴다. 찻잎을 너무 일찍 따면 무이암차의 독특한 향기와 맛을 낼 수 없기 때문이다. 그리고 너무 늦게 따면 찻잎이 너무 쇠어져서 좋은 차가 되지 못한다. 이러한 반발효차(半醱酵茶)는 기름기가 많은 요리에 잘 어울리는 제품으로 중국음식을 먹을 때 오룡차를 함께 마시면 입안을 산뜻하게 해주고 느끼한 맛을 없애주며 소화를 도와주는 작용을 한다. 오룡차를 마실 때는 의흥(宜興)의 소형 다기를 이용하여 다관에 절반정도 차를 넣고 90-100도의 뜨거운 물을 부어 우려 마셔야 제 맛이 난다. 소형 다기가 없을 경우에는 일반 사기형 다관을 사용하여도 무방하나 녹차나 홍차를 우려 마시는 다관을 사용하면 향이나 맛이 혼합되어 본래의 맛과 향이 떨어진다.

① 철관음차(鐵觀音茶)

철관음(鐵觀音)이란 이름은 중국 청나라 때 복건성의 안계현에 살고 있던 농부가 매일 관음상에 차를 공양하다가 우연히 관음상 옆의 바위 사이에 차나무가 있는 것을 발견하면서 유래되었다. 태양을 뒤로하고 있는 차나무의 모양이 관음상과 같이 빛나고 있어 농부가 이 나무를 집으로 옮겨 심은 뒤, 차잎을 따서 차를 만들었더니 차맛이 진하면서 부드럽고 뒷맛이 달게 느껴지며 치자꽃과 같은 향기가 났다고 한다. 이에 관음이 주신 차나무로서 잎이 철과 같이 검고 무겁다하여 철관음이라 명명하게 되었다. 철관음은 높은 향기가 오래 유지되고, 차맛이 달고 입안을 시원하게 해준다. 그리고 마신 뒤에는 입안에 과일의 향기와 같은 향이 감돈다. 이 입안에 감도는 향기를 여느 향기와 구분하여 철음운(鐵音韻)이라 한다. 차의 탕색은 금빛이 감도는 선명한 등황색이고 잎은 두텁다.

차잎을 말린 것을 보면 둥근 원형을 하고 있다. 찻잎은 일년에 4차례 걸쳐서 따는데 봄에 딴 차를 春茶(입하 전후),여름은 夏茶(하지 전후). 더울 때 딴 차를 暑茶(대서 전후), 가을은 秋茶(백로 전)라고 하는데 대부분이 춘차가 주종이고 그 다음에 딴 차는 맛이 조금 떨어진다. 특히 추차의 경우는 맛이 떨어지지만 향이 일품이어서 추향차라고도 한다.

② 수선(水仙)

중국 복건성의 수선(水仙)이라는 차나무 품종으로 만든 차로 차잎이 길고 큰편이다. 가열처리를 많이 하기 때문에 약간 태운 냄새가 나며 발효도가 높아 수색이 갈색을 띤 홍색을 나타낸다. 오룡차 캔 드링크의 원료로도 많이 사용되고 있으며, 여러 번 우려도 맛이 변하지 않는다.

③ 동정오룡차(凍頂烏龍茶)

대만의 중부지역인 남투현 녹곡향(鹿谷鄉)의 동정산(凍頂山) 주변 다원에서 생산되는 차이다. 무이암차가 전래되었다고 하는 대만의 대표적인 차이다. 차맛이 부드럽고 향기가 강하며, 마시고 난 뒤 입안에 단맛이 남는 것이 특징이다. 청심오룡의 품종으로 잘 만들어지면 검은 녹색을 띠고 청개구리처럼 반회색의 점을 가지고 있다.

잎의 모양은 선형에 가까운 녹차와 구형의 철관음의 중간형이다. 차를 우려내면 밝은 황금색을 띤다. 우려낸 차잎을 보면 찻잎 둘레가 붉고 그 안은 담녹색을 하고 있다. 다른 지방의 차보다 비싸기 때문에 다른 지방에서 생산되는 차가 동정오룡차 브랜드로 판매되는 경우가 많다. 이 차는 대만의 국책사업으로 등급은 매화의 갯수로 표시한다. 즉 다섯송이 매화는 최고의 품질이고, 포장에서 선명한 붉은 색은 반발효차이고 암홍색은 발효차이다.

④ 무이산 대홍포차(武吏山大紅袍茶)

무이산의 대홍포차에 얽힌 전설이 전해지고 있다. 한 선비가 과거 시험을 치르기 위해 무이산을 지나가다 병이 생겨 사경을 헤매다가 근처 사찰의 스님이 원숭이를 시켜 절벽에 있는 차를 따오게 해서 차를 달여서 먹이자 병이 완치되어 무사히 과거를 보게 되었다. 그 선비는 과거에 장원을 하였을 뿐 아니라 왕의 부마로 책봉

되어 공주 와 결혼하게 되었다. 신세를 진 부마는 은혜를 갚고자 스님을 찾아가 절을 새롭게 단장해 주었다. 어느날 왕비가 병이 생겨 천하의 명의를 불러 치료를 하였으나 차도가 없어서 부마가 스님에게 차를 부탁하 여 왕비에게 먹였는데 그러자 질병이 완쾌되었다. 이에 왕은 자신의 홍포를 벗어 나무위에 덮어주었다. 그러나 한 나라의 왕이 둘이 될 수 없듯이 왕의 옷을 입은 차나무는 점점 말라 죽게 되었다. 이 사실을 안 부마가 홍포를 걷어내자 오색 찬란한 빛이 생기고 차나무는 다시 살아났다는 것이다.

⑤ 문산 포종차(文山包種茶)

일명 청차(淸茶)라고도 불리는 문산포종차는 향이 강하고 맑으며 황금색의 수색을 나타낸다. 반발효차 중에서도 15-20%정도로 낮게 발효를 시킨 관계로 차잎은 녹색에 가까운 편이다. 차엽 자체에 꽃향기 가 있어서 마신 뒤 입안의 상쾌함을 더해 준다.

⑥ 백호오룡(白毫烏龍)

발효정도가 65%전후로 높기 때문에 수색이 홍차에 가까운 홍색을 나타낸다. 대만의 신죽(新竹), 묘율(苗栗)지역에서 생산되며 여름철 무소독 무비료 재배로 일종의 벌레가 잎의 즙을 빨아 먹은 뒤 차잎을 따서 만들기 때문에 벌꿀과 같은 향이 형성된다. 향빈우롱(香檳烏龍) 또는 동방미인(東方美人)이라 부르기도 한다.

5. 홍차(紅茶)

홍차는 발효정도가 85% 이상으로 떫은맛이 강하고 등홍색의 수색을 나타내는 차이다. 세계전체 차 소비량의 75%을 차지하는 차로서 인도, 스리랑카, 중국, 케냐, 인도네시아가 주생산국이며 영국과 영국식민지였던 영연방국가들에서 많이 소비된다. 홍차도 처음에는 녹차나 오룡차와 같이 잎차형태로 생산되었으나 티백의 수요가 늘어남에 따라 티백용의 파쇄형 홍차가 주류를 이루게 되었다. 그렇지만 고급차류는 여전히 정통 잎차형으로 생산되고 있다. 인도의 다즐링(dazzeling), 중국의 기문(祁門), 스리랑카의 우바(Uva)홍차가 세계 3대 홍차로 꼽히며, 차엽 그대로 우려 마시는 스트레이트 티와 밀크를 첨가시켜 마시는 밀크 티 형태가 있다.

① 다즐링 홍차

세계 3대 명차의 하나로 북동 인도 히말라야 산맥의 고지대인 다즐링 지역에서 생산된 홍차이다. 보통 3-11월이 수확기이며 3월 중순에서 4월에 첫물차가 생산되나 향기는 6-7월의 두물차가 가장 강하다. 차의 수색은 다른 홍차에 비해 엷은 오렌지색을 띠고 맛이 부드 러우며 달다.

② 우바 홍차

인도 다즐링, 중국의 기문홍차와 더불어 세계 3대 명차의 하나로 스리랑카 중부산악지대인 우바에서 생산된 하이그론티(High Grown Tea, 해발 1200m 이상에서 생산된 홍차)에 해당되는 고급차이다. 7 -8월에 생산된 홍차의 품질이 가장 뛰어나며 꽃향기와 산뜻한 떫은 맛, 그리고 밝은 수색이 상쾌함을 더해주는 차이다.

③ 기문 홍차

홍차의 원산지인 중국에서 생산된 세계 3대 명차중의 하나로 중국 안휘성의 기문에서 생산된 홍차이다, 수확기는 6-8월로 비교적 짧으며 8월에 생산된 것이 품질이 가장 뛰어나다. 수색은 밝은 오렌지색으로 훈연한 것과 같은 향기가 있다.

④ 앗샘홍차

세계 최대의 생산량을 자랑하는 인도 북동부의 앗샘평원에서 생산된 홍차로 주로 브랜딩용 원료로 많이 사용되고 있다. 통상 3-11월 에 걸쳐 수확을 하며 맛은 농후하고 수색은 진한 적갈색을 띤다. 밀크를 첨가하여 마시는 밀크티로 적당하다.

6. 흑차(黑茶)

중국의 운남성(雲南省), 사천성(四川省), 광서성(廣西省) 등지에서 생산되는 후발효차로서 차잎이 흑갈색을 나타내고 수색은 갈황색이나 갈홍색을 띤다. 차가 완전히 건조되기 전에 퇴적하여 곰팡이가 번식하도록 함으로써 곰팡이에 의해 자연히 후발효가 일어나도록 만든 차이다. 처음 마실 때는 곰팡이 냄새로 인해 약간 역겨움을 느끼기도 하지만 몇 번 마시다 보면 독특한 풍미와 부드러운 차맛을 느낄 수 있다. 중국에서는 잎차류보다 차를 압착하여 덩어리로 만든 고형차가 주로 생산되며 저장기간이 오래 될수록 고급차로 간주된다. 옛날에는 보이차를 약용으로 많이 이용하여 <운남성지>, <백화경> 등의 기록에 의하면 "보이차는 기름기를 제거하고 장을 이롭게 씻어 내고, 술을 깨게 하며, 소화를 돕고, 진액을 생기게 하며, 목의 통증을 다스린다. 또 생강탕과 같이 쓰면 간기를 치료하고 피부의 출혈을 멈추게 한다"라고 하였다. 체내의 기름기를 제거 효과도 강하여 기름진 음식과 잘 어울린다. 기름기가 많은 광동요리를 먹을 때 함께 마시는 얌차(飮茶)가 유명하다.

① 보이차(普洱茶)

중국의 운남성(雲南省)에서 생산되는 후발효차로서 운남의 대엽종 찻잎으로 만드는 차로서 보이현에서 모아서 출하하기 때문에 보이차라고 한다. 알칼리도가 높고 속을 편하게 해주며 숙취제거와 소화를 도와주는 작용을 한다. 기름기가 많은 음식에 잘 어울리며 곰팡이 균 을 번식시켜 만들기 때문에 특유의 곰팡이 냄새가 있다. 홍콩이나 싱가폴, 광동 지방에서 주로 많이 소비되고 있으며 오래 숙성시킬수록 가격이 비싸다.

② 보이 긴압차(普洱 緊壓茶)

보이차은 운반의 편의와 장기간 저장을 위하여 차잎에 수증기를 가한 다음 틀에 넣고 압착하여 일정한 형태의 덩어리로 만든 차 제품이다. 형상에 따라 타차, 전차, 인두차 등 여러 가지로 불린다. 마실 때는 칼로 잘게 썰어서 우려 마시며 버터나 밀크, 소금을 첨가하여 마시기도 한다. 형상에 따라 분류하면 타차(차 그릇 모양), 전차(磚茶:벽돌 모양), 병차(餠茶:평평하고 둥근 원형모양), 긴차(緊茶:하트모양), 주차(珠茶:탁구공 모양), 인두차(人頭茶:사람 머리 크기와 같이 크게 만든 차) 등의 종류가 있다.

제5절 차의 이름에 따른 분류

차의 이름은 찻잎을 따는 시기, 차의 산지, 차의 모양, 전설 표방 등에 의하여 붙여진다.

1. 찻잎을 따는 시기에 의한 차 이름

- 작설차(雀舌茶) : 곡우(양력 4월 20~입하 5월 6일)사이에 채취한다.
- 입하차(立夏茶) : 입하 때 채취(양력 5월 6일~5월 8일)다신계 절목에 나옴
- 사전차(社前茶) : 춘분 전후 술(戌)일 이전에 딴 차(3월 21일)
- 기화차(騎火茶) : 한식(4월 5일~6일, 동지 후 105日 禁火)때 따서 만든 차
- 매차(每次) : 망종(6월 5일~7일)때 만든 차. 소동파의 詩句에 나옴
- 추차(秋茶) : 입추(8월 8일)와 상강(10월 3일)사이에 따서 만든 차
- 납차(臘茶) : 동지후 셋째 납일(음력12월)에 따서 만든 차
- 유차(孺茶) : 섣달(음력 12월)에 따서 만든 차. 이규보의 詩句에 나옴

2. 우리나라 차의 산지에 따른 차 이름

- 작설차 : 경남 하동군 화개와 전남 보성 제다에서 만든 차

- 춘설차 : 전남 광주시 허백련 선생의 춘설헌에서 나오는 차
- 설록차 : 전남 강진과 제주도 태평양 다원에서 만든 차
- 보정차 : 전남 장흥군 보림사 부근의 차
- 반야차 : 경남 사천군 다솔사 부근에서 재배한 차
- 학사차 : 구례 화엄사 부근에서 나오는 차(고운 최치원)
- 반야로 : 전남 대흥사 부근에서 나오는 차

3. 중국 차의 산지에 따른 차 이름

- 육안차(六安茶) : 안위성 육안현에서 산출된 차
- 용정차(龍井茶) : 절강성 항주시의 풍화령의 남녘기슭에서 출하된 차
- 무이차(武夷茶) : 복건성 숭안현의 무이산에서 출하된 차

4. 기타(차의 모양 표방 등)

- 작설차(雀舌茶) : 새의 혀 같은 찻잎 .... 신숙주 詩句에 나옴
- 용봉단차(龍鳳團茶) : 용봉 무늬 음각 .... 고려도경
- 영아차(靈芽茶) : 신령스런 찻잎 .... 이색 詩句에 나옴
- 뇌원차(腦原茶) : 전라도 지명 .... 고려사에 나옴
- 죽로차(竹露茶) : 대나무 숲에 있는 차나무가 대나무의 이슬을 먹고 자라 맛이 좋다는 뜻으로 붙여진 이름
- 원후차(猿猴茶) : 사람이 올라가기 어려운 벼랑에 있는 찻잎을 원숭이로 하여금 따오게 하여 만든 차

제6절 중국차의 분류

중국차의 분류는 기본 차와 기본 차를 원재료로 재가공한 차로 양대별 할 수 있다. 기본 차는 색과 발효정도에 따라 다시 나누어지는데 녹차 백차 청차 황차 홍차 흑차 등이다. 이들은 또 발효 정도에 따라 구별되기도 하는데 이를 정리하면 다음과 같다

<table>
<tr><th>구분</th><th>색</th><th>발효정도</th><th>분류방법</th><th>대표적인 차</th></tr>
<tr><td rowspan="16">기본
다류</td><td rowspan="3">백
차</td><td rowspan="3">약발효
5-15%</td><td colspan="2">채엽 시기에 따라</td></tr>
<tr><td>白芽茶</td><td>白毫銀針 등</td></tr>
<tr><td>白葉茶</td><td>白牧丹, 壽眉, 貢眉 등</td></tr>
<tr><td rowspan="5">녹
차</td><td rowspan="5">불(약)발효
10%이하</td><td colspan="2">건조방법에 따라</td></tr>
<tr><td>炒靑녹차</td><td>碧螺春, 廬山雲霧, 西湖龍井 등</td></tr>
<tr><td>烘靑녹차</td><td>黃山毛峰, 太平猴魁, 六安瓜片, 花茶 원료 등</td></tr>
<tr><td>晒靑녹차</td><td>黑茶 원료.</td></tr>
<tr><td>蒸靑녹차</td><td>玉露茶, 煎茶 등</td></tr>
<tr><td rowspan="5">청
차</td><td rowspan="5">반발효
15-70%</td><td colspan="2">지역에 따라</td></tr>
<tr><td>閩北烏龍</td><td>大紅袍, 鐵羅漢, 水金龜, 白鷄冠
(복건성 북부 무이산 일대)</td></tr>
<tr><td>閩南烏龍</td><td>鐵觀音, 黃金桂, 毛蟹, 本山 등 (안계 일대)</td></tr>
<tr><td>廣東烏龍</td><td>鳳凰單叢, 鳳凰水仙 등 (광동성 조주지방)</td></tr>
<tr><td>臺灣烏龍</td><td>東정오룡, 白毫烏龍(東方美人), 문산포종,
대우령, 이산오룡 등</td></tr>
<tr><td rowspan="8"></td><td rowspan="4">황
차</td><td rowspan="4">(약)후발효
悶黃과정
을 거침</td><td colspan="2">채엽시기에 따라</td></tr>
<tr><td>黃芽茶</td><td>君山銀針 등</td></tr>
<tr><td>黃小茶</td><td>北港毋尖 등</td></tr>
<tr><td>黃大茶</td><td>藿山황대차 등</td></tr>
<tr><td rowspan="4">홍
차</td><td rowspan="4">완전발효
70-95%</td><td colspan="2">가공방법에 따라</td></tr>
<tr><td>工夫紅茶</td><td>祁門홍차, 천홍, 영홍, 전홍, 의홍, 영덕홍차 등</td></tr>
<tr><td>小種紅茶</td><td>正山소종 등</td></tr>
<tr><td>紅碎茶</td><td>운남홍쇄차, 전홍쇄차, 티백류 홍차 등</td></tr>
</table>

	황차	(약)후발효 悶黃과정을 거침	채엽시기에 따라	
			黃芽茶	君山銀針 등
			黃小茶	北港毋尖 등
			黃大茶	藿山황대차 등
	홍차	완전발효 70-95%	가공방법에 따라	
			工夫紅茶	祁門홍차, 천홍, 영홍, 전홍, 의홍, 영덕홍차 등
			小種紅茶	正山소종 등
			紅碎茶	운남홍쇄차, 전홍쇄차, 티백류 홍차 등
	흑차	후발효 80-98%	긴압 유무에 따라	
			散茶	보이산차, 긴압차의 원료 등
			緊壓茶	운남칠병차, 천량차, 보이긴압차, 육보차 등
재가공다류	花茶		말리화차, 계화차, 장미화차 등	
	긴압차(緊壓茶)		방차, 병차, 전차 등	
	췌취차(萃取茶)		캔음료, 속용차, 농축차 등	
	과미차(果味茶)		여지홍차, 레몬홍차 등	

넷째 마당

차 만들기

제1절 들어가는 말

차는 차잎을 익히는 방식에 따라, 덖음차(부초차(釜炒茶), 초청차(炒菁茶)등으로 부름)와 찐차(증제차(蒸製茶), 증청차(蒸菁茶) 등으로 부름)로 대별할 수 있다. 중국은 덖음차를, 일본은 찐차를 주로 만드는데, 차가 덩이차에서 잎차로, 찐차에서 덖음차로 발전해왔다는 사실은 시사(示唆)하는 바가 적지 않다.

서호용정, 동정벽라춘(이상 초청녹차), 황산모봉(홍청녹차), 기문홍차(홍차), 무이암차, 안계철관음, 봉황수선, 대만포종(이상 청차), 군산은침(황차), 보이차(흑차) 등,... 중국의 각종 명차들은 모두 각 지역의 조건과 특성에 따라 오랜 세월에 걸쳐서 발달해 왔다.

다시 말해 표고, 지형, 토질, 방위, 온도, 습도,... 등은 좋은 차엽이 나는 제반 요건들이며, 이 조건들은 개별 다원의 입지에 따라 더욱 세분화 된다. 그밖에도 품종, 재배 방식, 채취 시기 및 방식, 제다법... 등에 의하여 완성차의 품질이 결정된다. 때문에 차의 향미를 거론할 때에는 이 모든 조건들에 입각하여 분별해야 할 것이다.

우리차를 산지별로 나누어 보면, 단일기업형인 ○○차 등을 논외로 할 때, 찐차 위주의 보성차와 덖음차 위주의 하동차로 크게 나눌 수 있다. 이 구분은 전체적인 경향에 따른 것이다. 다시 말해 보성차라해서 모두 찐차가 아니고 하동차 모두가 덖음차는 아니다.

그렇다면 왜? 보성차와 화개차가 찐차와 덖음차로 나누어 발전하였을까?

일제강점기(日帝强占期)를 거치면서 남도 각지의 차밭들은 거의 피폐해 졌으나, 일본의 자본에 의해 조성되고 관리되었던 보성지역의 차밭만이 명맥을 유지할 수 있었다. 1970년대에 다시 부활하기 시작한 우리의 차산업은 보성차와 하동차로 나뉘어 발전하였다. 보성차가 대량 생산방식의 기계식 증제차로 발전하게 된 것은 차밭의 규모와 재배방식이 그것을 뒷받침할 수 있었기 때문이다. 하동차(화개차)는 소규모의 수제 부초차로 발전하였는데, 이는 화개지역이 대규모 차밭의 조성이 어려운 지형이고, 일본 증제차의 영향을 비교적 덜 받은 까닭일 것이다.

1970년대 중반, 화개에 산재(散在)해 있던 토종 차나무의 차잎을 따서, <다신전> '조다편'을 지침으로 삼고, 쌍계사와 연곡사 일대에 남아 있던 우리 가마솥 덖음 녹차의 파편들을 모아, 시험조다(試驗造茶)를 하여 오늘에 이른 바 그동안의 조다경험(造茶經驗)과 국내외 차인들과의 교유(交遊)를 통하여 얻은 결론은, 우리의 땅에서 나는 토종 차잎은 역시 가마솥 덖음차로 만들어야 좋은 차가 된다는 것이다.

그동안 우리 차산업은 재배면적의 확충과 기계화를 통한 양적인 성장에만 급급하였을 뿐, 우리의 차잎에 알맞은 조다법을 찾아내고 우리의 전통 조다법을 발굴해 내는 데에는 소홀했었다. 기계화를 통한 차의 대량생산은 수제차(手製茶;손으로 만든 차)에 대한 기초연구가 선행되어야 한다. 특히 덖음녹차에 있어서는 차잎덖기에 대한 깊은 연구가 필요하다.

제2절 차잎덖기의 목적

차의 신선엽(新鮮葉)은, 차잎덖기를 통하여, 산화효소의 활성이 제거되어 발효가 제한되며, 조직이 부드러워져서 비비기를 잘 할 수 있게 되고, 수분의 증발이 일어나서 말리기가 이루어진다. 차를 덖는 과정 중 마지막 덖음은 차의 향을 내는데 아주 중요하다.

제3절 차잎덖기의 정도

차잎은 알맞게 덖어져야 한다. 차잎덖기가 잘 이루어지면, 이후의 작업들도 순조롭게 이어져서 향미 좋은 차가 만들어진다. 예를 들어 차잎이 설익으면 풋냄새가 나거나 이상발효가 일어나게 되고, 차잎이 타거나 너무 마르면 탄냄새가 나거나 차잎이 부서지게 된다. 차잎덖기의 알맞은 정도는 중량감소율(수분증발율)로 가늠하는데, 35%안팎이 적당하다.

제4절 차잎덖기의 열도와 시간

덖어낸 차잎의 중량 감소율은 차잎을 덖는 솥의 열도, 덖는 시간, 덖는 차잎의 양, 솥의 크기와 구조, 솥의 두께와 재질(열 보존율 등에 영향을 줌)...등에 따라 달라진다. 그러나 무엇보다 중요한 것은 차잎의 성질이다. 차잎의 성질은 토질, 기후, 일조량, 표고, 비료주기,...등에 따라 다르고 차잎따기의 시기에 크게 좌우된다. 때문에 차잎덖기는 경험과 기술이 축적된 이가 세심하게 살펴서 정성스럽게 행하여야 된다. 다음은 차잎덖기에서 가장 중요한 세 요소들의 표준치을 조합해 본 것이다.

1. 차잎의 양

한번에 덖는 차잎의 양은 솥의 크기와 모양에 따라 달라진다. 화기가 닿는 솥 바닥에 차잎을 고르게 깔았을 때, 그 두께가 10cm가 넘으면 안된다. 이는 차잎이 솥의 표면에서 익는 것이 아니라 표면위 10cm사이의 공간에서 익기 때문이다. 한번에 덖는 차잎이 적으면 타거나 너무 마르게 되고, 많으면 고르게 잘 익혀낼 수가 없게 된다. 차잎을 5분가량 덖었을 때, 차잎이 너무 말라 있으면 차잎의 양이 적은 것이고, 그때에도 숨이 안죽은 차잎이 섞여 있으면 차잎이 너무 많은 것이다.

한번에 많은 차잎을 넣고 높은 열도에서 차잎덖기를 하면 차잎의 가장자리는 타게 되고 수분의 증발이 순조롭지 않아 쪄지듯이 익게 되므로 찐차의 성질이 섞인 덖음차가 된다.

2. 솥의 열도

솥의 열도는 섭씨 350도씨정도가 적당하다. 솥의 표면온도가 섭씨 350도 정도일 때 10cm위의 온도는 200도씨안팎이 된다.

차 만드는 이 가운데에는 옥외에서 차잎덖기를 하는 이들이 있는데, 그렇게 하면 외기(外氣)의 영향으로 솥의 열도 보전이 어려우므로 완성차의 품질이 들쑥날쑥하게 된다.

3. 덖는 시간

차잎의 양과 솥의 열도가 알맞았을 때, 차잎덖기의 시간은 6분 안팎이 적당하다. 그런데 이 시간은 차잎의 성질과 상태에 따라 늘이거나 줄여야 한다. 차만들기에 익숙치 않은 이들은(흔히 조다실습 등에서), 뜨거운 솥을 두려워하여, 솥의 열도를 낮게 하여 길게 차잎덖기를 한다. 솥의 열도가 낮으면 덖는 시간이 아무리 길다 해도 차잎이 속까지 잘 익지 않아서 차잎의 비비기와 말리기를 할 때 이상발효가 일어나게 된다.

4. 차잎덖기의 종류

차잎덖기는 첫덖음, 다시덖음, 마무리덖음으로 나누어 지는데, 이 세 가지 덖음을 차잎의 성질에 따라 알맞게 조합하여야 한다.

차잎을 딴 시기로 보면 일찍 난 차잎일수록 첫덖음은 약하게 하고 다시덖음을 세게 하는 반면, 늦게 난 차잎일수록 첫덖음을 세게 한다.

산지의 특성과 개별 다원의 입지 그리고 품종과 재배방식 등에 따라 달라지는, 차잎의 수분 함유량과 탄닌, 아미노산, 섬유질 등의 성분비 등을 잘 살펴서 차를 만들어야 할 것이다.

제5절 차 종류별 만드는 법

1. 덖음차 만드는 방법

덖음차의 공정(요즘은 대개 기계작업으로 한다)은 싱싱한 찻잎을 약 300도 정도로 가열된 가마솥에 넣어 6분 정도 신속하게 덖는다. 이때에 솥 온도가 약하거나 덖는 시간이 지켜지지 않으면 반발효하거나 타는 경우가 있다. 완전히 덖어지면 솥 밖에서 냉각하여 비벼야 하는데 이를 '유념(揉捻)'이라 한다(반복적인 비비기를 통해 잎 표면의 수분과 내부 수분 함량을 균일하게 제거함과 동시에, 세포 조직을 적당히 파괴하여 물에 잘 우러나게 하기 위한 목적이 있다). 2차 공정은 솥의 온도를 70-80도 정도로 낮추어 비빈 찻잎의 덩어리를 풀면서 서서히 건조시킨다. 같은 방법으로 3-4회 되풀이하는 동안 찻잎의 수분은 약 5-6%까지 건조된다. 약 2시간 30분 내에 만드는 것을 목표로 하고 일단 완성된 차는 다시 고엽이나 분말, 줄기를 제거한 다음 약간의 열을 가하면 독특한 다향이 생겨난다. 전 제다공정이 끝나면 밀봉하여 저온에 보관하는 것이 좋다.

■ 요약

생엽 → 덖음(殺靑) → 냉각 → 비빔(유념) → 덩어리풀기 → 덖음 → 건조 → 비빔

2. 찐차 만드는 방법

덖음차와 똑같은 찻잎을 가지고 제다에 임하나 찻잎을 익히는 방법이 다르다. 덖음차는 처음에 고열의 솥에서 덖는 순서로 시작하지만 찐차(증제차)는 고압의 증기를 통과시켜 찻잎을 익힌다. 이와 같은 방법으로 만든 차를 우리나라에서는 찐차(증제차)라고 하는데 옛날에는 찻잎을 시루에 찌거나 열탕에 통과시켜 만들었지만 지금은 고압 보일러의 증기를 이용하여 처리한다. 고열증기로 급속히 처리한 다음 곧 바로 냉각시켜야 한다. 냉각을 시키지 않고 연속처리하면 차의 색깔이 좋지 않고 차의 향이 감소된다. 이 공정은 덖음차 공정에서도 반드시 지켜져야 할 사항이다. 3차 공정으로 일단 증엽된 것을 냉각한 다음 수분을 감소시키며 덩어리를 푸는 작업을 한다. 과다한 수분을 줄이고 열처리를 하면서 가볍게 비비는데 이 과정을 '조유(粗유)'라고 한다. 조유 공정을 마친 후에는 압축을 하면서 약 15분간 찻잎을 가볍게 비비는데 이를 유념이라 한다. 그 다음으로는 어느 차 제조방법이나 마찬가지로 건조 작업에 들어간다. 건조는 빠른 시간 안에 마쳐야 한다. 일단 건조가 완성된 1차 건조된 차는 수분 함량 5% 정도에서 밀폐하여 저온실에 저장한다.

■ **요약**

생엽 → 증엽(殺靑) → 냉각 → 조유 → 비빔(유념) → 정유 → 건조 → 재건 → 선별 → 포장

3. 백차 만드는 방법

만드는 순서는 생엽 → 위조(萎凋, 시들게 함) → 건조를 하는 순이다(간단한 만큼 오히려 만들기 어렵다).

4. 오룡차(靑茶) 만드는 방법

만드는 순서는 생엽 → 위조(萎凋, 시들게 함) → 반복하여 흔듬(搖靑) → 덖음(殺靑) → 비빔(유념) → 건조를 하는 순이다.

5. 홍차 만드는 방법

만드는 순서는 생엽 → 위조(萎凋, 시들게 함) → 비빔(유념) → 발효 → 건조의 순이다.

6. 황차 만드는 방법

만드는 순서는 생엽 → 덖음(殺靑) → 비빔(유념) → 건조 → 재건 → 민황(悶黃, 후발효) → 건조를 하는 순이다.

7. 흑차 만드는 방법

만드는 순서는 생엽 → 덖음(殺靑) → 비빔(유념) → 악퇴(渥堆, 퇴적하여 후발효) → 비빔 → 건조를 하는 순이다.

제6절 제다(製茶)에 관련된 용어

채엽(采葉) : 차나무에서 차 잎을 따는 일

위조(萎凋) : 차 잎을 시들게 하는 과정. 실외위조(일광위조)와 실내위조(그늘 위조)

살청(殺靑) : 푸른 잎 죽이기, 차 잎에 열을 가해 산화효소가 작용하지 못하도록 하여 더 이상의 발효가 일어나지 않도록 하는 일.

유념(柔捻) : 차가 잘 우러나도록 차 잎을 비비는 일. 이 때 차의 모양을 만들어 줌.

쇄청(晒靑) : 햇빛에서 시들리기를 하는 과정. 일명 폭청(曝靑)

양청(晾靑) : 차 잎을 실내로 옮겨와 시들리기를 하는 중간중간에 살짝 살짝 차 잎을 뒤집어 주는 실내위조 과정. 일명 교반(攪拌).

요청(搖靑) : 일명 낭청(浪靑). 바구니에 담겨진 차 잎을 가볍게 흔들어 주면서 발효를 진행시키는 과정.

정치(靜置) : 차 잎을 방치하는 과정. 요청을 통해 차 잎끼리 마찰로 인해 열이 나므로, 차잎을 가만히 내버려 두면서 식히는 과정. 요청과 정치 두 과정을 통틀어 주청(做靑)이라고도 함.

포유(包柔) : 오룡차 제다과정 중 차 잎을 둥글게 말아주는 과정, 일명 단유(團柔).

해괴(解塊) : 포유를 통해 둥글게 말려진 차 잎을 다시 풀어 헤치는 일.

홍배(烘焙) : 차 잎의 수분을 건조하는 과정. 옛날에는 숯불을 피어 일정한 온도를 유지하며 차 잎을 건조시켰으나, 요즈음에는 전기나 가스를 이용해 건조기계에서 일정한 온도를 유지하며 차 잎을 건조시킴.

복배(復焙) : 차 잎의 수분을 건조한 다음 차를 시장에 내다 팔기 전에 숯불이나 전기를 이용해 일정 온도에서 다시한번 건조시키는 일.

청과(靑鍋) : 살청을 하면서 차의 기본적인 모양을 형성시키는 일.

회조(回潮) : 차를 솥에서 꺼내 얇게 펴서 건조시키는 일.

휘과(煇鍋) : 차의 모양을 정교하게 만들고 차를 건조시키는 일.

탄량(攤凉) : 수분이 고르게 건조되도록 식히는 일.

범량(笵凉) : 차 잎 속의 수분이 고르게 건조되도록 식히는 일. 안길백차 제조과정.

민황(悶黃) : 차 잎을 쌓아두고 방치하여 발효가 되도록 하는 것. 황차 제조과정의 일이다.

악퇴(渥堆) : 젖은 차 잎을 쌓아 두고 발효시키는 과정.

퇴적(堆積) : 마른 차 잎을 쌓아 두고 발효시키는 과정.

긴압(緊壓) : 일정한 압력을 가해 차의 형태를 만드는 일.

선별(選別) : 완성된 차에서 찌꺼기나 억센 줄기를 골라 내는 일.

음화(窨花) : 차 잎 속에 꽃의 향기가 스며들게 작업하는 과정.

모차(毛茶) : 1차 가공과정을 마친 차.

소배(素北) : 花茶의 재료가 되는 차 잎.

다섯째 마당

차의 보관과 갈무리

제1절 차의 보관

차는 온도, 냄새, 햇빛, 공기, 습도, 산소 등 주변 조건에 매우 민감한 영향을 받는다. 차는 다른 식품에 비해서는 오랫동안 보존할 수 있지만, 보통 개봉한지 1년 정도가 지나면 처음 상태보다 많이 변질된다. 차는 다른 냄새를 잘 흡수하므로, 환경에 따라 향이 변하기 쉽다. 공기 중에 노출될 경우, 공기 중의 습기를 흡수하므로 수분 함량이 높아져 변질이 시작된다. 온도가 높으면 엽록소가 분해되고 비타민 C도 파괴된다. 냉기는 차의 기를 손상시키고, 연기나 가스는 향이 사라지게 한다. 햇빛을 직접적으로 받으면 색이 누렇게 변하고 좋지 않은 냄새가 나게 된다. 우리나라의 경우에는 장마철이 있는 6월에서 9월 사이에 차가 가장 잘 변질된다. 그리고 황차나 홍차 등의 발효차보다 불발효차인 녹차나 말차가 변질이 더 잘 된다.

차는 소량씩 구입하거나, 일주일 정도의 분량만큼 덜어서 차통이나 진공팩에 넣어두고 먹는 것이 좋다. 차를 상온에 둘 때, 너무 추운 곳이나 너무 더운 곳은 좋지 않다. 햇빛이 직접 닿지 않는 건조한 곳이어야 하고, 온도 변화도 적어야 한다. 같은 장소라도 바닥보다 높은 곳이 습도가 더 낮으므로, 높은 곳에 차를 두는 것이 좋다. 용기를 개봉할 때마다 공기 중의 습기가 들어가므로 개봉하는 시간은 짧게 하고, 개봉한 후에는 되도록 빨리 먹는다. 차를 용기에 담을 때는 다른 냄새가 없는지 우선 확인하고 김치 생선, 등 강한 냄새가 나는 식품 주위에는 두지 않는다. 차봉지를 그대로 열어두면 사흘만 지나도 변질되므로 공기가 들어가지 않게 잘 묶어둔다. 티백제품도 개봉했을 시에는 밀폐 용기에 담아 보관해야 한다. 손이 젖었을 때나 화장품, 향수, 비누같이 향이 진한 물건을 만진 다음에 차를 만져서는 안 된다.

차를 냉장 보관할 때에는 진공팩이나 용기에 넣어 냉장고에 넣어두면 된다. 냉장고의 온도는 5°C~8°C정도에서 저장하는 것이 가장 이상적이다. 습도는 적을수록 좋은데 보통 제습은 50% 내외로 한다. 냉장고 안에 습기가 너무 많으면 차가 얼거나 서리발이 생긴다. 오랫동안 사용하지 않았던 냉장고는 안에 습기가 많이 차 있는 상태이므로 저장하기 전에 미리 환기시켜 습기를 제거한다. 또한 차를 냉장고에 넣어두었다가 꺼낼 때, 갑작스런 온도차에 주의해야 한다. 너무 급히 꺼내면 기온 차이에 의해 차에 습기가 생긴다. 냉장고에서 차를 꺼낸 후에는 서늘하고 건조한 곳에 하루 정도 두었다가 다른 곳으로 옮기는 것이 좋다. 냉장고에 다른 냄새가 배어 있지 않은지도 확인할 것. 냉장고에는 다른 식품도 함께 넣어두므로 밀봉에 특히 유의해야 한다. 차를 오래 둘때는 냉장고에서 보관하는 것이 가장 좋지만, 음식의 향이 강한 우리나라에서는 단단히 밀봉해야 한다. 시중에서 파는 타파 용기를 구해서 깨끗이 닦아 햇볕에 한번 소독을 한 후에 보관하는 것도 좋다.

옛날 사람들은 나무합이나 호리병, 항아리 등에 차를 담고 한지나 죽순 껍질, 창포잎으로 차병을 싸두었다. 오동나무통에 차를 넣고 전통 가옥의 처마에 걸어두면 흙의 단열성과 흡수성으로 온도와 습도가 저절로 조절되기도 했다. 오늘날의 차통은 주석, 나무, 도자기, 유리 등으로 만든 것이 주로 쓰인다. 자기류의 차통에 건조한 대나무 잎을 깔고 차를 넣어두어도 좋다. 자기는 흡수성이 강하므로 향이 있는 차를 넣어두기에는 좋지 않다. 수분, 온도, 산소, 광선 등이 가장 잘 차단되는 주석통이 향이 있는 차를 보관하기에 좋다. 화차의 경우에는 안이 들여다보이는 유리 차통에 보관하면 미관상으로 좋다. 중국에서는 대나무통이나 호박껍질 안에 차를 보관하기도 한다.

차가 습기를 먹어 눅눅해졌을 때는 프라이팬에 한지를 깔고 약한 불에 골고루 흔들며 말린다. 구수한 냄새가 약간 나면 불에서 내린 다음, 식혀서 차통에 담는다. 먹을 때 그날 먹는 양만큼 조금씩 하는 것도 좋다. 차가 오래 되어 맛과 향이 변했을 경우에는, 과일차를 만들어 먹어도 좋다. 차를 넣어두는 용기에 다른 냄새가 배면 즉시 제거해 주어야 한다. 옹기로 된 용기는 다른 냄새가 배면 없애기가 힘들다.

가루차는 색이 우선이므로 밀폐된 상태라고 하더라도 온도가 높으면 변색되므로 상온에 보관해서는 안된다. 가루차 제품은 보통 금속 캔으로 되어 있고, 이중 뚜껑이나 나선형으로 뚜껑을 돌려 밀폐성이 좋게 만들어져 있는 것이 보통이다. 가루차는 차합이나 소차호에 그날 사용할 분량을 덜어 놓고, 제품 가루차 캔은 밀봉 비닐팩에 넣어 냉동실에 보관한다.

제2절 차의 변성

차는 냄새에 민감하여 흡취력이 매우 강하다. 차의 흡취력은 플라보놀과 카테킨 성분이다. 이런 성질을 이용해서 여러 가지 香차를 만들기도 한다. 꽃차로는 자스민 차가 유명하고 국화차, 연향차, 매화차, 장미차 등이 많다. 차의 이런 흡취성은 주위의 나쁜 냄새까지도 흡착하며 차가 가지고 있는 본래의 향과 맛을 손상시키므로 밀폐보관이 꼭 필요하다.

차를 유리병이나 투명한 비닐봉지에 보관했을 때 햇빛을 받으면 엽록소가 분해되어 갈색으로 변하거나, 향기를 내는 지질이 산화되어 묵은내를 내기도 하고 색상의 변질과 온도가 올라가 변성의 원인도 크다.

차에는 우리 몸의 피를 맑게 해주는 비타민C가 많이 함유되어 있어 유용한 성분이지만 공기 중의 산소를 만나면 쉽게 산화되어 그 양이 현저히 감소된다. 그러므로 공기의 접촉을 차단하는 일은 매우 중요하다. 진공포장제품을 개봉하여 덜어 담아두는 하루용 차통의 모양도 차와 공기의 접촉 면적을 줄이기 위해 넓고 낮은 것보다는 좁고 긴 것이 차의 변성을 막는 데 도움이 된다. 또 차통내의 공기 양을 줄이기 위해 차를 소비한 만큼 한지나 위생 비닐로 공간을 채워두는 것도 좋다. 차를 보관할 때는 건조한 상태를 유지하는 데 세심한 주의가 필요하다. 습도는 주로 찻잎의 카테킨류의 산화를 촉진시켜 차의 색과 수색을 갈색으로 만들고 맛과 향에 많은 영향을 미친다.

제3절 좋은 차 고르는 방법

1. 외형

찻잎이 말려진 상태가 균일하고 고유의 형태를 잘 유지하고 있으며 색택이 균일하고 신선하며 표면에 윤기를 가진 것이 좋으며, 무게가 무거우면서도 싹(芽)이 많고 줄기가 포함되지 않은 것이 상품이다. 또한 손으로 비볐을 때 모래를 비빌 때의 소리가 나는 것이 잘 건조된 것으로서 쉽게 변질되지 않고 좋다.

2. 향기

차의 종류에 따라 각각의 독특한 향기가 있는데, 녹차(綠茶)는 신선하고 상큼한 자연의 풋냄새와 열처리에 의한 구수한 향이, 포종차(包種茶)는 꽃향이, 철관음(鐵觀音)이나 수선(水仙)은 과일향이, 오룡차(烏龍茶)는 숙성된 과일향이 나는 것이 좋고, 홍차(紅茶)는 맥아당(엿당)과 같은 향이 나는 것이 좋은 것이다. 단, 불에 탄 것 같은 냄새나 기름냄새, 약냄새 등의 이취가 있는 것은 좋지 않다.

3. 탕색

차를 끓였을 때 맑고 신선한 것이 좋고, 색이 어둡고 잡티가 섞여 혼탁한 것은 상품(上品)이 아니다.

4. 차 찌꺼기

차 찌꺼기는 녹차의 경우 대개 중요치 않고, 오룡차나 홍차의 경우 발효정도를 감별할 수 있어 그 품질의 잣대가 된다. 차를 우린 다음 차 찌꺼기의 모양이 톱니모양으로 울퉁불퉁하거나 시든 것은 발효상태가 좋지 않은 것이다. 또한 차의 파손정도를 보면 차 제조의 기술정도를 파악할 수 있는데 파손이 많이 된 것은 당연히 좋지 않은 것이다.

茶
차체험관
Tea Culture Zone

여섯째 마당

차의 성분

차는 자체적으로 지니고 있는 성분이 건강증진에 좋을 뿐만 아니라 인간의 정서와 이성을 본연으로 잡아주는 역할까지 해 주므로 육체적인 면과 정신적인 면으로 인간을 건강하게 해 주는 음료이다.

고대인들은 차의 성분과 효능을 과학적 실험에 의해 학리적으로 분석한 것이 아니고, 많은 다인(茶人)들의 음차 생활의 경험을 통하여 다성(茶性)과 그 효능을 규명했다하여 차의 효능을 옛 선현(先賢)들의 문헌 에 의한 신체 및 정신건강 측면의 효능과 현대 약리적 분석에 의한 효능으로 나누어서 생각해 본다.

제1절 문헌적 고찰에 의한 효능

우리나라 대표적 의서인 『동의보감』에는 차는 "숙식을 소화하며 머리와 눈을 맑게 하고 소변을 잘 나오게 하며 갈증을 멎게 하고 잠을 적게 하며 독을 해독시켜 준다"고 했다.

또 그 외의 문헌에

- 차는 오래 마시면 마음과 몸에 병이 생기지 않으므로 뜻과 기운에 좋다.
- 차는 산천의 신령스러운 기운을 받아 가슴을 열며 체기를 씻어 맑고 화창한 기운을 내게 한다.
- 차를 마시니 근심과 울분이 비워지고 웅호한 기운이 생긴다.
- 차는 머리를 맑게 하고 귀를 밝게 하며, 눈을 밝게 하고 밥맛과 소화를 촉진시켜주며, 술을 깨게 하고 잠을 적게 하며, 갈증을 멈추게 하고, 피로를 풀어주며, 추위나 더위를 막아준다고 했다.

차는 처음엔 약용으로 마시기 시작하였지만 사람들의 지식이 발달하면서 단순한 약리적 효능에만 그 치지 않고 정신적 안정을 도모하는데도 이용하였다. 사실 한잔의 차는 있어도 좋고 없어도 그만이지만 그러나 있어야 할 자리엔 분명히 있어 그 구실을 다하는 게 차인 듯싶다. 그리하여 일찍이 공자(孔子)도 차를 불기(不器)라고 하였다. 그것은 차의 약리적 효능보다 정신적 효능을 중시한 대목이기도 하다.

당나라 육우는 『다경(茶經)』에서 "차는 성품이 지극히 차서 행실이 바르고 검소하고 덕망이 있는 사람이 마시기에 적합하다. 만약 열이 나고 갈증이 나거나 번민하거나 머리가 아프거나 눈이 껄끄럽거나 팔다리가 번거로워 뼈마디가 잘 펴지지 않으면 너댓 번만 마셔도 제호나 감로처럼 효과가 있다. (茶之爲用 味至寒 爲飮最宜 精行儉德 之人 若熱渴疑悶 疼 目澁 四煩 百節 不聊 四五 醍 甘露抗衡也)"라고 했다.

이는 차가 형이상학적인 정신과 형이하학적인 신체에 동시에 깊은 관계가 있음을 말해 주고 있다. 차의 오미(五味)에는 온갖 인생의 희로애락이 있다. 그 맛은 시고 떫고 쓰면서 향기롭다. 차 맛을 음미하는 과정을 통하여 인생의 시고 떫고 단 삶을 재영(再映)시켜 새로운 인생에 대한 가치관을 부여한다.

이러한 정신적 수양과 정을 잘 반영하고 있는 것이 당(唐)대 유정일(劉貞一)의 차선십덕(茶扇十德)이다.

① 우울한 기분을 가시게 한다.

② 졸음을 없앤다.

③ 기력을 솟게 한다.

④ 병을 제거한다.

⑤ 예절을 지키게 한다.

⑥ 경의를 표하게 한다.

⑦ 맛을 즐긴다.

⑧ 몸을 다스리게 한다.

⑨ 마음을 아름답게 한다.

⑩ 도리를 생활에 옮긴다.

이것은 다도의 덕목을 잘 나타낸 것으로 차는 병을 치유하는 원리도 있지만 차로써 정신을 맑게 하고 생기를 기르는 내적인(약리적) 효능과 수양의 덕을 갖추고 바른 길로 향하는 전인적인 역할을 만드는 외적인(수행적) 효능을 동시에 갖고 있음을 알려 주고 있다. 수신을 하여 도(道)를 깨치게 하는 것도 궁극적으로 도(道)의 경지에 이르러 정신의 통일과 안정을 얻기 때문이다. 정신에 바탕을 둔 건강이야말로 바로 진성(眞性)의 건강이며 정신적 건강이야말로 바로 다 인(茶人)의 본령(本領)이다.

제2절 과학적 분석에 의한 성분과 효능

차의 성분은 차나무의 품종, 재배조건, 채엽 시기, 토질, 제조방법에 따라 다소 달라진다. 한국산 다엽은 75%의 수분과 25%의 고형성분으로 구성되어 있으며 다른 식물에 비해 유리아미노산 (데아닌), 카페인, 탄닌(폴리페놀)이 많으며 무기성분 중에는 망간이나 불소가 많이 들어 있어 여러 가지 약리적 효능을 나타낸다.

뜨거운 물에 우러난 차 탕의 성분함량은 다음과 같다.

■ 차 탕의 화학성분 함량

성분 종류	총질소 (%)	탄닌 (%)	카페인 (%)	가용분 (%)	유리당 (%)	유기산 (%)	비타민c (mq/%)	수용성 펙틴 (%)	유리 아미노산 (%)
봄차 초기	6.4	14.1	2.3	40.2	2.3	1.4	568	0.8	2.3
후기	4.2	14.8	2.0	39.8	2.4	1.3	484	0.9	1.8
여름차 후기	3.8	17.9	1.5	39.4	2.5	1.4	246	1.0	1.2

표에서 볼 때 채엽 시기가 빠를수록 총 질소, 카페인, 비타민 C, 유리아미노산의 함량이 많으며 반대로 늦게 딴 찻잎일수록 탄닌 성분이 많다.

1. 탄닌(폴리페놀, 카데킨)

차의 가장 중요한 성분의 하나로 차의 맛, 향기 및 색에 깊이 관여하며 여러 가지 생리작용을 가지고 있다.

이 탄닌은 광합성에 의해 형성되므로 일조량에 따라 함유량이 많아 채엽시기가 늦어질수록 함량이 높아지면 90℃이상의 고온에서 용출된다.

탄닌의 맛은 온화한 떫은 맛으로 밤 속껍질 또는 덜 익은 감의 떫은 맛과 같이 혀나 입 안의 점막에 부착하는 불쾌한 느낌이 없이 다른 맛과 조화를 이루어 깔끔한 풍 미를 이룬다.

차의 카데킨류는 화학 구조상 수산기(-OH)를 많이 가지고 있어 여러 가지 물질과 쉽게 결 합하는 성질을 가지고 있다. 이러한 특성 때문에 중금속 제거나 항산화 작용, 발암성분의 무력화, 해독작용 등의 약리작용을 나타내게 된다.

2. 카페인(Caffeine)

탄닌과 함께 차를 상징하는 중요 성분으로 상쾌한 쓴 맛을 나타내고 더운 물에 거의 100% 용출되며 탄닌과는 반대로 채엽시기가 빠를수록 함량이 많고 또 차광 재배하면 증가한다.

차엽 중의 카페인은 1827년 오드리(Oudry)에 의해 발견되었으며, 카페인 외에 카페인과 유사한 화학 구조와 생리작용을 하는 데오브로민과 데오피린이 함유되어 있다.

그러나 커피에는 카페인, 코코아에는 데오브로민만 들어있다.

이들의 생리작용을 살펴보면 대외 중추 신경 흥분작용은 카페인, 데이피린, 데오브로민 순으로 나타나며 호흡기 흥분작용, 이뇨작용, 기관지 및 혈관 확대작용은 데오피린이 가장 강하고 그 다음에 데오브로민, 카페인 순이다.

따라서 차에 함유된 카페인의 대뇌중추신경에 대한 흥분 ·강심· 이뇨 및 혈관 확대작용등은 카페인만 들어있는 커피를 섭취했 을 때보다 그 작용이 완만하게 일어나며 지속 시간도 짧은 것이 특징이다.

녹차의 카페인 함량은 커피콩에 비해 높은 편이지만, 차를 우릴 때 낮은 온도로 우리기 때문에 차엽 중의 카페인 성분이 60~70% 정도만 우러나 한 잔 당 카페인 함량은 녹차가 커피보다 훨씬 적은 편이다. 한 잔 당 카페인 함유량을 비교할 경우 차는 대개 27㎎ 정도인데 비해 커피는 66㎎으로 녹차보다 월 등히 많다. 또한 녹차 중에는 커피에들어 있지 않은 카테킨과 데아닌이라는 성분이 있는데 이 성분이 카페인과 결합되어 카페인이 불용성 성분으로 되거나 활성이 억제되기 때문에 커피와 같은 부작용이 없는 것도 차만이 갖는 특징이라 할 수 있다.

■ 기호 식품 한 잔당 카페인 함유량

구분	인스턴트 커피	캔커피	콜라	쵸콜릿	차
함량	66mg/잔	46mg/잔	40mg/잔	20mg/잔	27mg/잔

3. 아미노산 및 질소화합물

차의 독특한 감칠 맛과 향미 성분의 주체로서 차의 품질과 밀접한 관계가 있다. 차에는 25종의 아미노산이 있으며, 이 중 데아닌(단 감칠맛)이 60%정도로 차 맛에 큰 영향을 미친다.

데아닌 다음으로는 글루타민산(신 감칠맛)이 8.67% , 아스파라긴산(신 감칠맛)이 9.4%, 아르기닌(쓴 감칠 맛)이 13.4%, 그리고 세린이 8.14%등이다. 주요 아미노산으로 채엽시기가 빠른 차일수록 아미노산 함량이 많아 여름차가 봄차에 비해 맛이 떨어지는 원인이 된다.

데아닌의 또 하나의 중요한 작용은 카페인의 작용을 억제 즉, 카페인에 의한 중추신경의 자극을 저해시키는 작용을 한다. 아미노산은 60℃정도의 저온에서도 잘 용출된다.

4. 비타민류

차엽 중에는 여러 가지 비타민이 매우 풍부하게 함유되어 있는데 특히 바타민 C와 토코페롤, 비타민 A, B군이 다른 식물에 비해 월등히 높으며 비타민P의 작용을 하는 루틴도 있다.

특히 비타민 C는 레몬에 비해 5~8배나 많이 함유되어 일찍부터 괴혈병의 치료제로 차가 이용되어 왔 다. 물론 발효 정도나 재배 방법에 따라 비타민 C의 함량이 다르다. 비타민B1 또한 정신건강에 중요한 성분으로 당질 대사에 깊이 관여하기 때문에 당뇨병 치료의 보조 효과도 기대할 수 있다.

결핍되면 정신이 산만해지고 권태로워지며 집중력이 저하된다. 또 비타민 P의 작용을 가진 루틴은 혈관벽을 강화시킨다. 비타민 E는 지용성이지만 항노화, 항불임 및 항암 작용의 기능이 있다.

5. 무기염류

차엽 중에는 칼륨, 인, 칼슘, 마그네슘, 철, 나트륨 등 여러 가지 미네랄 성분이 5~6% 정도 함유되어 있다. 이 중 60~70% 정도가 뜨거운 물에 용출되어 신진대사 및 차의 맛에 영향을 미친다. 또 성분 중에는 구강보건성 성분인 불소가 수용성 형태로 40~200ppm 정도 들어 있어 치아 부식 예방 효과도 기대할 수 있다.

불소는 경화한 잎으로 만든 여름차 등에 많이 함유되어 있다. 이 외에도 생체에 필요한 미량 필수 원소인 셀렌(항산화 및 암 예방), 망간(효소의 활성화) 그리고 아연(피부염 방지·면역기능 저 하 억제)등도 다른 식물에 비해 많은 편이다.

6. 색소

주요 색소 성분은 엽록소·플라보놀·데아플라빈 등의 카데친 산화물 안토시안 등이며, 차 제품의 외 관과 차 침출액의 색깔 등 품질평가의 기준이 되며 차의 맛과 향에 영향을 미친다.

녹차의 경우는 차잎을 바로 열처리하여 산화효소를 파괴시킴으로써 엽록소가 남아 녹색을 띤다. 반면 우롱차나 홍차는 시들리기나 비비기를 하는 과정에서 엽록소가 급격히 분해되어 흑색이나 갈색으로 변 화되고, 또 카테킨의 산화에 의한 발효 작용으로 오렌지색과 선홍색의 성분이 생기게 된다. 또한 차광 재배할 경우에는 엽록소가 증가되어 녹색이 강해지므로 옥로차의 수색이 일반 녹차보다 녹색이 진하다.

7. 탄수화물

단맛 성분이며, 글루코스 · 아라비노스 · 리보스 등이 있으며 카데친의 혈당 상승 억제 작용을 도와 당뇨병 예방에 효과가 있다. 대부분이 불용성이기 때문에 차를 그대로 마시는 말차를 제외하면 일반적인 음용 방법으로는 거의 섭취가 어려운 편이다. 최근에는 차엽에 함유된 다당류가 혈당치를 낮추어 주는 작용이 있어 당뇨병 환자에 유익하다는 연구 결과가 발표되어 당뇨병 약으로도 개발되고 있다.

8. 유기산

당류의 분해 생성물로 호흡 작용에 영향을 주며 카데친류와 항산화 상승 효과의 기능이 있다.

9. 향기 성분

차는 기호식품으로서, 맛이나 수색과 더불어 향기가 매우 중요한 요소이다. 차엽 중의 향기 성분은 녹차는 약 200종, 홍차의 경우에는 300종이 확인되고 있으며 알콜류가 전체의 80% 정도로 가장 많으며 기타 카보닐화합물 케톤 등으로 구성되어 있으며 양적으로는 매우 적어 0.005~0.03%에 불과하다. 과거에 는 향기 성분의 분석이 매우 어려웠으나 분석기기의 발달로 각종 차의 향기 성분이 규명되고 있다.

10. 사포닌

사포닌은 차 잎 중에 0.1%정도 함유되어 있으며 가루를 마실 때 나는 거품의 주요 성분으로 약간의 쓴 맛과 아린 맛을 낸다. 거품을 형성하는 작용이 있기 때문에 말차를 마실 때 차선으로 저어 거품을 내어 마시고 있다. 사포닌에는 거담 작용이나 소염 작용, 항균작용이 있다.

11. r-Aminobutylic acid(GABA)

생차 잎을 알루미늄 봉투에 넣고 진공 상태에서 처리하면 고혈압 치료 성분인 r-Aminobutylic acid가 생성된다. 혈압 강하작용이 있다.

제3절 차의 일반적인 효용

1. 심신의 피로 회복효과

차를 마시면 카페인의 각성 강심 이뇨작용에 의해 대뇌중추신경을 알맞게 흥분시켜 육체적 정신 적 피로에 매우 효과적이다. 따라서 사고력 판단력이 증진되고 혈액의 순환과 신장의 기능을 높여 배뇨를 활발하게 하여 피로물질의 체외 배출을 촉진함으로써 생활을 윤택하게 하고 활동력을 증진 시킨다.

2. 차의 암발생 억제 효과

녹차의 항암효과가 주목받기 시작한 것은 1978년 일본 시오즈카 현의 암의 발생률이 전국 평균에 비해 현저하게 낮아 발암과 녹차 음용과의 관계를 찾아 본 이후부터 녹차의 항암효과에 관심을 갖기 시작하였다. 위암 사망률이 높은 지역에서는 녹차의 섭취량이 적은 반면 위암 사망률이 가장 낮은 나까가와네 지역은 1인당 매월 250~410g의 녹차를 소비한 사실을 알고부터 항암효과 실험이 본격적으로 진행되기 시작하였다. 중국의 중국의학과학원 암연구센타 전서균 박사와 일본 교도의과대학의 山根哲郎 교수의 연구에 의해 녹차의 항암효과는 입증 검증되었다.

현대의 새로운 병으로 불리어지고 있는 환경호르몬피해를 막아준다. 남성에게는 정자수감소를 막아주고, 여성에게는 호르몬 증가를 억제시켜줘서 유방암을 억제시켜 준다.

하루 한잔 녹차를 마시면 정자 수 감소 등을 유발하는 환경호르몬 (내분비계장애물질)의 피해를 예방할 수 있다는 연구결과가 나왔다.

일본 국립의약품 식품위생연구소 객원연구원 강경선 박사는 10월 일본 독성학회지에 실릴 녹차의 '항 환경호르몬성 효과'라는 논문을 통해 녹차속의 카데킨 성분이 환경호르몬에 의한 여성호르몬 증가를 억제한다고 보고했다. 강 박사는 200㎖의 물에 건조 녹차잎 2.5g을 넣으면 110㎎의 카데킨 성분이 용출된다며 하루 한잔의 녹차로 환경호르몬의 폐해를 거의 차단할 수 있다고 주장했다.

또, 녹차가 여성에게 흔한 자궁경부암을 예방하는 효과가 뛰어난 것으로 밝혀졌다. 가톨릭의대 안웅식(강남성모병원산부인과) 교수는 '자궁경부 이형 증 환자에서 폴리피놀의 항암 화학작용' 논문에서 녹차의 주성분을 자궁경부암의 전단계인자궁경부 이형증(세포가 비정상적인 형태로 변하는 증상) 환자에게 투여한 결과 이형증이 치료됐다고 보고했다. 안 교수는 따라서 평소 녹차를 즐겨 마시는 여성은 자궁경부암에 걸릴 확률이 크게 줄어들 것으로 추정된다고 말했다.

3. 콜레스테롤 제거 효과

일본 나고야여대 무라마쯔 교수는 녹차 잎에서 추출한 조카테킨과 EGCg를 Weistar계 숫쥐를 이용하여 실험한 결과 조카테킨 및

EGCg 첨가군의 혈장 콜레스테롤의 농도 상승은 대조군에 비해 억제되었고, 인체에 해로운 LDL콜레스테롤 농도와 동맥경화 지수도 상당히 개선되었다. 조카테킨과 EGCg는 콜레스테롤 함유식을 투여한 쥐의 혈장 및 간장 콜레스테롤의 상승을 강하게 억제시키고, 대변으로 체외 배출을 촉진시킨다는 사실을 확인하게 되었고 이러한 콜레스테롤 강하작용은 소화기간 내에서 콜레스테롤의 흡수를 저해시키는데 기인한 것으로 추정하고 있다.

① 강압작용

② 혈중 및 간장지질 저하작용

③ 과산화지질 저하작용

④ 동맥지질 저하작용

4. 차의 혈압상승 억제 효과

차 속의 카테킨 성분이 혈압상승 억제하는 효과를 가지고 있고 가바(GABA)차에도 혈압상승을 억제하는 성분이 있다.

5. 차 성분의 혈소판 응집 억제 작용

차 침출액(EGCg, C, EC 등 카테킨)과 차잎 성분(데아플라빈류, 데아플라빈모노갈레이트)이 혈소판 응집 억제작용을 한다.

6. 방사능 방어효과

원자폭탄이 투화 된 히로시마에서 차 생산지로 이주하여 녹차를 많이 음용한 사람들은 생존율이 높았을 뿐만 아니라 건강상태도 양호하다는 조사결과로 방사능 방어효과를 판명하고 있으며 동물실험에서도 방사성 Sr90의 90%는 흡착됨이 연구 결과로 밝혀지고 있다.

7. 살균, 방부, 항충치, 항바이러스 효과 및 중금속 해독작용과 식중독 예방효과

차 카테친 성분은 우롱차, 홍차의 산화형 폴리페놀 성분보다 항염성 및 항균성 효과가 크며 장내 세균의 생육을 억제하는 작용이 있다.

카테친 성분은 유기수은, 카드뮴, 납, 구리 등과 같이 호흡기나 소화기를 통해 체내에 들어가게 되면 배설되지 않고 축적되는 중금속, 담배, 모르핀 등의 독성물질과 쉽게 결합하여 침전물을 생성한다.

차의 항균 성분에 의해 살모넬라균, 장염비브리오균, 웰치균, 보투리너스균, 포도상구균은 완전히 소멸시킬 수 있다. 여름철에 차 한 잔은 식중독을 예방한다.

일본 소와대학 의학부의 시아무라 교수(세균학) 등은 차의 성분 중에는 티푸스, 적리균, 콜레라균, 장염비브리오균 등과 같은 병원성 세균에 대한 강한 살균 작용이 있음을 발견하였다.

8. 변비 예방효과

차의 탄닌 성분은 긴장성을 높여 위 운동을 활발하게 하여 식욕을 촉진시키고 위 점막을 보호하며 장관에 대해서는 긴장성을 풀어주는 효과가 있어 신경성 변비에도 효과가 기대된다.

9. 숙취제거효과

카페인의 중추신경흥분 및 이뇨작용, 탄닌 성분에 의한 주독의 해독작용 비타민C의 상승효과에 의해 간장의 알코올 분해효소의 활성 및 배설이 촉진되어 숙취에 효과적이다.

10. 충치 예방효과

차에는 구강보건성 성분인 불소가 가용성 형태로 존재하고 있어 차를 마시면 치아가 단단해지고 산에 대해서 저항하는 힘이 커지게 되어 치아우식이 예방된다.

1) 치아 표면의 불소 코팅 효과

2) 치석형성의 억제

3) Glucosyl transferase 활성의 억제

4) 충치 세균에 대한 살균 작용

11. 방취 및 탈취효과

차의 탄닌 성분 및 엽록소는 강력한 방취작용을 가지고 있어서 입안의 냄새제거에 매우 효과적으로 텁텁한 입안이 개운해 짐을 느

끼게 한다. 충치 등으로 인해 심하게 발생하는 냄새를 줄이는 데는 녹차가 좋다.

주전자에 녹차와 더운물을 넣고 1차로 우려낸 녹차를 마시고 다시 주전자에 더운물을 반 정도 넣는다. 몇 시간을 그대로 두면 녹차가 담긴 주전자의 물이 진한 갈색으로 변하고, 매우 떫고 쓴 맛이 나게 된다. 차의 잎사귀에 함유된 폴리페놀, 탄닌이 나와 산소에 의해 산화되기 때문이다. 이것을 컵에 따라 보관한다.

폴리페놀은 세균의 증식을 억제하며, 탄닌은 항암효과가 있는 것으로 알려져 있다.

잠자기 전 이 녹차 물에 천연 소금을 한줌 넣어 녹인 뒤 입안에 녹차 물을 넣고 1~2분 정도 입속을 헹군다. 그 다음 칫솔로 아무것도 없이 이를 닦는다. 남은 용액으로 다시 입을 헹군 뒤 잠자리에 든다. 수돗물로 헹구지 않고 입안에 녹차 물이 남게 하는 것이 입 냄새 제거의 핵심 요령이다.

이 방법을 이용하면 잘 때 입안의 세균증식이 억제되고, 일어날 때 입 냄새가 줄어들게 된다. 치주병 예방에도 효과가 있다.

아침에는 보통 때처럼 치약으로 이를 닦는다.

12. 노화 방지 및 피부 미용 효과

노화는 산화되기 쉬운 불포화 지방산을 섭취했을 때 생기는 과산화지질에 의해 세포조직 중에 세포막이 파괴됨으로써 일어나는데 녹차는 탄닌 성분인 카데친에 의해 과산화지질의 생성이 억제되어 노화가 방지되며 또 커피에는 없는 비타민 C가 있어 항산화력을 높여 준다. 또 녹차는 알카리성 무기질, 비타민C을 비롯한 B군을 함유한 알카리성 음료로 피부에 탄력성을 주며 멜라닌 색소의 생성을 저해하여 피부를 곱게 하여 준다.

제4절 차의 이용

1. 녹차 · 홍차 티백 이용하기

한 번 우려낸 녹차 · 홍차 티백을 재활용하는 방법은 많이 있다.

① 홍차 티백으로 옷 염색

홍차 티백은 흰색 티셔츠나 속옷을 염색하는 데 사용할 수 있으며 염색할 옷은 깨끗이 빨아서 물기가 남지 않게 꼭 짠 후 주름을 펴놓는다.

홍차 티백은 물에 넣고 푹 끓이다가 차색이 우러나오면 티백을 건져낸다. 소금과 식초를 각각 두 티스푼씩 넣고 다시 끓인다. 소금과 식초는 물이 잘 들도록 촉매제 노릇을 하며 한번 든 물이 잘 빠지지 않게 해준다.

이후 끓는 찻물에 손질한 천을 넣고 20분가량 삶는다. 자주 골고루 저어 주어야 얼룩이 생기지 않는다. 옷이 은은한 베이지 색으로 물들면 꺼내어 물기를 짠 후 그늘에 말린다. 좀 더 진한 베이지색을 원할 때는 같은 요령으로 한 번 더 염색하면 된다.

② 녹차 티백으로 족욕

녹차 족욕은 발의 피로를 풀어주고 혈액순환을 좋게 해준다. 또 녹차의 은은한 향은 발 냄새를 완화시켜 주는 효과도 있다.

양발을 다 담글 수 있는 대야에 40~43℃ 정도의 물을 붓고 녹차 티백 3개를 넣는다. 찻물이 우러나오면 복숭아 뼈가 잠기도록 발을 담그고 15~20분 정도 있으면 된다. 족욕을 할 때는 물 온도가 일정하게 유지되도록 도중에 따뜻한 물을 넣어주어야 한다.

③ 녹차 티백으로 악취 제거

차 찌꺼기는 세정력과 흡수성이 좋아 탈취제로 쓰기에 그만이다. 잘 말린 녹차 티백을 면 헝겊에 싸서 냉장고에 넣어두면 냉장고 냄새가 없어진다. 밀폐용기에서 눅눅한 냄새가 날 때는 홍차 티백 몇 개를 2~3일 넣어두면 된다.

발 냄새가 심한 사람은 신발에 말린 녹차 티백을 넣어두면 신발과 발에서 나는 냄새가 줄어든다.

집에 페인트를 새로 칠했을 때도 티백 안에 들어있는 녹차 찌꺼기를 꺼내 프라이팬에 올려놓고 약한 불에 은근히 태워보자. 실내에 녹차 타는 냄새가 배면서 페인트 냄새가 말끔히 사라진다.

생선 요리를 하고 나서 비린내가 날 때도 이 방법을 사용하면 좋다. 홍차 찌꺼기는 기름때가 낀 접시나 싱크대에 뿌려 닦으면 기름기가 깨끗이 제거된다.

④ 녹차 티백으로 세안

녹차 티백은 미용 재료로도 활용할 수 있다. 간단하게는 녹차 티백을 세숫물이나 목욕물에 넣어 쓰면 좋다. 세수할 때는 1개, 목욕할 때는 3~4개 정도면 충분하다. 비누 세안을 할 때는 마지막 헹구는 물로 사용하면 된다.

여름철 햇빛에 장시간 노출된 피부에는 녹차 티백을 냉장실에 넣어두었다가 냉찜질을 해주면 진정효과가 있다. 자고 일어나서 눈이 부어 있을 경우에도 차가운 녹차 티백을 눈두덩에 올려놓고 5분 정도 있으면 부기가 가라앉는다.

⑤ 맨 마지막에는 화분 비료로

이렇게 활용하고 난 티백은 차 찌꺼기를 꺼내 집에 있는 화분에 뿌려준다. 차 찌꺼기에 남아있는 단백질, 무기질, 비타민 등이 식물에 영양을 공급해 준다. 쓰레기도 줄이고 비료로도 쓸 수 있어서 일석이조인 셈이다.

단, 티백을 재활용하기 위해서는 일단 한 번 우려낸 티백은 햇볕에 잘 말려 보관해 둬야 한다. 습기를 완전히 제거한 뒤 보관해야 변질될 염려가 없다.

2. 녹차활용법

(1) 생활에서 활용

① 싱크대에 켜켜이 쌓인 묵은 때를 먹다 남은 찻잎으로 청소를 하면 효과적. 우려내고 남은 찻잎을 싱크대 위에 뿌리고 스펀지로 가볍게 문질러주면 간단히 기름기를 제거할 수 있다.

② 화장실이나 냉장고에서 냄새 제거방법 찌꺼기를 버리지 말고 말려두었다가 망사에 담아 냉장고나 화장실에 넣어두면 냉장고의 반찬 냄새, 화장실의 나쁜 냄새도 흡수해버린다.

③ 주방용품을 오래 보관하고자 할 때 사용방법 사용하지 않는 흙냄비나 도자기, 주전자 등에 녹차 한 스푼을 넣어두면 냄새가 나지 않고, 사용하지 않았던 주전자나 프라이팬, 그릇

등은 사용하기 전에 녹차 우린 물로 닦아내면 쉽게 냄새를 지울 수 있다.

④ 신발 냄새 제거방법 녹차 잎을 싸서 신발바닥에 깔면 냄새가 사라지며, 미리 예방하기 위해 깔아두는 것도 좋으며 신발장에서 냄새가 날 때는 찻잎 찌꺼기를 말려 망사에 넣어 둔다.

⑤ 페인트 냄새 제거방법 새롭게 페인트칠을 한 경우 냄새가 쉽게 없어지지 않는데 이럴 때는 프라이팬에 오래된 녹차를 태워 연기가 집안에 퍼지도록 하면 2~3시간 지나면 페인트 냄새가 없어진다.

⑥ 야채, 과일에 묻은 농약 제거방법 찻잎을 우렸다가 그 물로 헹궈주면 농약 걱정이 없는데 사포닌은 강력한 계면활성을 지녀 세균 번식과 강물이 오염되는 것을 막으며 찻잎 찌꺼기로 부엌 청소를 해도 좋다.

⑦ 무좀이나 기저귀 발진 등의 피부질환 완화방법 아주 진하게 끓여서 세숫대야에 넣고 발을 담그면 무좀균의 증식이 억제된다. 가벼운 피부질환에도 효과적이며 아기의 엉덩이가 짓무를 경우 찻잎을 곱게 갈아서 바르면 쉽게 치료가 된다. 또한 머리를 감을 때 미리 우려놓은 찻물로 헹구어내면 머릿결이 부드러워지고 윤기가 생기면 비듬 발생이 적어진다.

⑧ 입안에서 냄새 제거방법 마늘, 양파 등 향이 짙은 음식을 먹은 후 찻잎을 씹어주면 4~5분 내에 냄새가 없어진다.

(2) 피부관리

① 여드름 관리

녹차에는 여드름 치료에 효과가 있는 비타민A와 비타민 E가 다량 함유되어 일주일에 한번 녹차 우린 물로 초록 세안하면 여드름이 한결 나아진다.

▣ 필요한 재료 - 녹차물1/2컵, 소금2스푼, 밀가루 1 스푼.

- 비누 세안을 한 다음 5분 정도 스팀 타월로 얼굴의 모공을 열어준다.
- 세면대에 미지근한 물을 반쯤 붓고, 녹차물 1/2컵, 소금, 밀가루를 넣은 다음 손으로 잘 저어 섞는다.
- 두 손을 이용해 녹차물로 얼굴에 여러 번 패딩을 한다. 여드름이 많이 난 부위는 두 손바닥으로 가볍게 두드려 마사지한 다음 헹궈낸다.

매일 세안의 마지막 헹굼을 녹차물로 하는 것도 좋은 방법이다. 녹차를 우려낸 물을 냉장고에 보관해 두었다가 사용하면 피부가 탱탱해지고 맑아진다.

② 기미와 주근깨 관리

녹차에 들어 있는 비타민 A와 C는 기미와 주근깨 형성을 억제하는 효능을 가지고 있어 여러 가지 종류의 팩에 녹차 가루를 조금만 넣어 사용하여도 하얗고 뽀송한 피부는 물론 탄력까지 높여준다.

▣ 필요한 재료 - 필요한 재료-녹차 가루5~6스푼, 요구르트1/2개

- 녹차 가루와 요구르트를 섞어 스푼으로 잘 개어 흘러내리지

않도록 걸쭉한 팩을 만든다.

- 얼굴을 깨끗하게 씻은 다음 스팀타월로 모공을 열어 팩이 잘 흡수되게 한다.
- 연약한 눈 주위에 아이크림을 발라 주름이 생기지 않도록 한다.
- 얇은 가제를 물에 적셔 얼굴에 덮은 다음 녹차 팩을 눈과 입 주위를 피해 얼굴과 목에 펴 바른다.
- 팩이 다 마르면 가제를 턱에서부터 위로 벗겨낸 다음 미지근한 물로 깨끗하게 씻어낸다.
- 찬물 세안으로 모공을 수축시킨 다음 기초화장으로 수분과 영양을 공급한다.

③ 푸석푸석 건성피부

녹차 가루와 계란 노른자 하나를 잘 섞는다. 얼굴 전체에 잘 펴 바른 다음 10분 후 팩이 마를 때쯤 다시 한 번 발라준다. 20분 정도 지나면 깨끗하게 씻는다.

④ 심한 여드름 피부

▣ 필요한 재료 - 밀가루 조금+감자 즙+소금1/3스푼+가루 녹차

걸쭉한 상태로 만든 후 얼굴에 펴 바르고 20분쯤 후 미지근한 물로 헹궈낸다.

⑤ 반질반질 지성피부

▣ 필요한 재료 - 맥반석 가루1/2스푼+물+가루녹차

걸쭉한 상태로 만든 후 피지분비가 왕성한 부분에 바른다.

⑥ 아침 부기 확실히 빼주는 녹차 티백 마사지!

녹차를 마시고 남은 티백을 버리지 말고 랩이나 비닐 팩에 싸서 냉동실에 보관해 두었다가 아침에 일어나 얼굴과 눈이 심하게 부었을 때 차갑게 해둔 녹차 티백을 부은 얼굴이나 눈 위에 얹고 가볍게 두드려 주면 좋다.

⑦ 화끈화끈 피부 진정

숭숭 모공 쫙쫙 줄여주는 녹차 얼음 냉찜질

피부를 심하게 태워 피부가 화끈거릴 때는 녹차 얼음찜질이 좋다. 우선 녹차를 진하게 우려낸 후 냉동실에 넣어 얼려두었다가 필요할 때마다 녹차 얼음 몇 개를 꺼내 가제에 싸서 문지르면 손상된 피부가 회복되면서 트러블이 없어진다.

⑧ 여드름에 녹차 스팀타월하기!

녹차를 넣고 펄펄 끓인 물에 수건을 담가 꼭 짠 다음 한번 펼쳐 수건을 담가 꼭 짜서, 너무 뜨거우면 화상을 입을 수 있으므로 수건이 식을 때까지 스팀타월을 한다. 더운 김 때문에 모공이 쉽게 열려 노폐물이 잘 빠져 나오고 동시에 녹차 성분이 항균 작용을 해 여드름 피부에 효과적이다.

⑨ 미용 전용 티백

아예 미용 전용 녹차 티백 제품을 이용하는 것도 한 방법. 미지근한 물에 미용 녹차 티백을 넣고 우려내어 사용하면 편리하다

3. 차(茶)를 마실 때 삼가 해야 할 사항들

① 차를 공복(공복(空腹; 아침에 아무것도 먹지 않은 배)에 마시는 것을 삼가 해야 한다.

공복에 차를 마시면 차의 성질이 폐에 들어가 비위(脾胃)를 차게 하므로 '승냥이(갯과의 짐승. 이리와 비슷하나 더 작고 꼬리는 길고, 온몸에 황갈색의 긴 털이 나 있으며, 무리를 지어 산다. 우리나라 · 중국 · 시베리아 · 중앙아시아에 분포함)'를 집안에 몰아 온 격이다. 중국에서는 옛날부터 '공심차(空心茶)를 마시지 않는다.' 는 말이 있다. 특히 위장이 좋지 않는데 공복에 마시면 위가 쓰리고, 아프다. 이런 사람들은 반드시 공복에 마시는 습관을 삼가한 뒤 30분 후에 마시는 것이 건강에 유익하다.

② 끓는 차를 바로 마시는 것을 삼가야 한다.

너무 끓는 차는 인후, 식도, 위를 강하게 자극한다. 만약 장기적으로 너무 뜨거운 차를 마시면 이런 기관들이 쉽게 자극이 되어 점막을 상하게 하거나 결국 병에 걸릴 수도 있다(가능성). '정상적으로 62℃이상의 차를 마시면 위벽이 쉽게 손상을 받고, 위병에 쉽게 걸릴 수 있다.'는 연구결과도 있다. 그러므로 차를 마시는 온도는 식혀진 56℃이하로 마시는 것이 좋다는 주장까지 있다. 그러나 중국차는 따뜻하게 마셔야 약리효과가 잘 나타난다.

그렇다면 가장 좋은 방법이 무엇일까? 간단하다. "잔을 작은 것으로 마셔라(보산 황영복 박사)." 그래서 중국인들의 고급 차는 도토리만한 잔에다가 마셨고, 이런 원리를 알면 최소한 작은 잔에다가 자주 마시는 것이 좋다. 그래서 중국인들이 사용하는 찻잔은 한국인이 사용하는 찻잔에 비하면 너무나 작다. 작은 잔에 마시면 금방 적당한 온도로 변해 위장에 부담을 주지 않고 잘 흡수된다. 많은 양의 차를 마시는 것이 가능하고 따라서 약리효과 크다. 무엇보다 차의 맛을 잘 감별할 수 있으며, 위장이나 식도 주변의 약한 피부조직이나 점막을 상하게 하지 않게 할 수 있다.

③ 냉차를 마시는 것을 삼가 해야 한다.

차의 고서들을 읽어보면 <'온차(溫茶)'와 '열차(熱茶)'는 정신을 상쾌하게 하고, 귀와 눈을 밝게 하며, 냉차는 신체를 차갑게 하고 가래가 성하게 한다.>고 전한다. 냉차는 입에는 시원하지만 건강에는 크게 도움이 되지 않는다. 냉차는 우선 온차에 비해 위장에서의 흡수율이 떨어지기 때문이다. 따라서 이미 우려낸 찻물이 많아 냉장보관된 상태라면 다시 끓일 필요가 없다. 머그컵에 한 잔 가득히 찻물을 따른 뒤 전자레인지에 1분 30초를 가열해서 마시면 된다.

④ 진한 차를 마시는 것을 삼가야 한다.

저자가 자칭 다인이라고 주장하는 일행을 인사동에서 만난 적이 있는데 그들이 주장하기를 '밤새도록 보이차를 먹물처럼 진하게 차를 마신다.'라고 하였다. 심지어 차 겨루기를 하자며 자칭 '보이차의 대가'라고 하는 어리석은 사람들을 만난 적이 있다. 이런 진한 차를 마시게 되면 '카페인 디오필린'이 많이 함유되어 있으므로 쉽게 두통이 나고, 심지어 불면증에 시달리게 된다.

또한 진정한 차의 맛과 향을 느끼지 못하게 한다. 차를 마실 때는 색, 미, 향을 만끽해야 진정한 다인이다. 진한 차는 이 세 가지에 아무런 도움이 되지 않는다. 차 탕의 색깔을 얼마로 조정해야 하는가에 따라 차 맛을 좌우할 뿐만 아니라 진한 차는 결단코 건강에 도움이 되지 않는다.

⑤ 차를 우려 두는 시간을 너무 길게 하지 말아야 한다.

차가 우려져 있는 시간이 너무 길면 폴리페놀, 유지, 방향물질 등이 자동적으로 산화되어 찻물의 색깔이 어두워지고 맛이 차가우며 향기가 없어져 마시는 가치가 없어진다. 또한 찻잎 속의 비타민 C, 비타민 P, 아미노산 등이 산화되어 찻물의 영양가치가 크게 저하된다. 동시에 찻물이 놓여 있는 시간이 장시간 지속되면 주위환경의 오염을 받아 찻물 속에 미생물이 증가해 비위생적이 된다. 보이차의 경우 장시간 차를 우려낼 수 있는 차이다. 찻물에 오래 동안 우려두면 다음 차수(次數)에 찻물이 우러나오지 않게 된다.

⑥ 우려내는 차수(次數)가 많지 않아야 한다.

일반적으로 비 발효차인 녹차의 경우 찻잎을 3 ~4번 우려내면 기본상에서 차즙이 없어진다. 첫 번째 찻물을 찻잎에 우려내면 함유된 침출 량의 50% 정도가 나오고 두 번째에는 30%, 세 번째에는 10%, 네 번째 우려내면 1~3%가 나온다고 주장하는 사람들도 있다. 그 이상 우려내면 찻잎 속의 일부 유해성분이 나온다. 그것은 찻잎 속의 해로운 원소가 흔히 제일 마지막에 우러나오기 때문이다.

그러나 중국 발효차의 경우는 다르다. 차수를 빨리 하면 반 발효차인 우롱차의 경우는 5회~8회까지 가능하고, 완전 발효차인 보이차의 경우 30분 정도 동일한 차를 계속 우려도 약리 효과가 있다. 물론 차탕이 잘 우러나오지 않을 때는 인삼 오룡차, 장뇌 산삼차나 국화차, 화차 등을 첨가해서 마시면 좋다. 그러므로 불 발효차인 녹차는 차수를 적게 해야 하며, 반 발효차의 경우 차수를 5회~8회까지 하는 것이 좋고, 완전 발효차인 흑차나 보이차는 그 이상도 가능하다.

⑦ 식전에 차를 마시는 것을 삼가야 한다.

식전에 차를 마시면 타액이 찻물에 희석되어 식욕이 떨어지며, 또한 소화기관에서 잠시지만 단백질을 흡수하는 기능이 저하된다. 물론 물만 마실 경우도 예외는 아니다. 그러나 물을 마신 뒤 5분 뒤 식사를 하면 장이 청소되어 영양분 흡수에 유익하다는 임상 보고도 있다. 단, 위장이 건강하고 비만하다면 약간의 보이차를 식전에 마셔도 크게 문제가 되지는 않는다. 그러나 통증이 온다면 이미 위장의 점막에 상처가 있기에 느껴지는 것이므로 병원에서 치료받는 것이 좋다. 그러므로 식전에 차를 마시지 않는 습관이 가장 건강에 좋다.

⑧ 식후에 금방 차를 마시는 것을 삼가야 한다.

식후에 음식물을 섭취하는 것은 찻잎 속에는 '탄닌산'이 함유되어 있기에 음식물 중의 단백질, 철질(鐵質)에 대하여 응고작용을 하므로 단백질과 철질에 대한 인체의 소화와 흡수에 영향을 준다. 그러므로 식후 30분 후 정도에 차를 마시는 것이 적당하다. 그러나 만약 기름기 있는 음식을 먹을 때라면 식사 도중이나 식사 후 바로 마셔도 된다. 중국인들은 그래서 기름진 음식이기에 식사 중에도 계속하여 차를 마시는 것이다.

⑨ 찻물로써 약을 먹는 것을 삼가야 한다.

속담에 '찻물은 약을 풀어 버린다.'고 하였다. 찻잎 속에는 '탄닌질'이 많아 '탄닌산'으로 분해되기 때문이다. '탄닌산'은 약물과 결합하여 침전이 생기므로 약물이 인체에 흡수되는 것을 방해하여 약효를 떨어지게 할 수 있다.

⑩ 차를 우려낸 지 오래된 차, 묵은 차를 마시지 말아야 한다.

묵은 차는 시간이 오래되어 비타민이 없어진 상태이고, 차속의 단백질과 당분은 세균과 곰팡이의 양료(養料)로 된다. 물론 변질되지 않은 묵은 차는 의학적으로 활용하며, 사용하는 역할이 있다. 예를 들면 묵은 차는 풍부한 산류(酸類)와 불소가 함유되어 있어 모세혈관의 출혈을 방지할 수 있다. 그래서 구강염, 설통(舌痛), 습진, 잇몸 출혈, 피부출혈, 창구농양(瘡口膿瘍) 등을 묵은 차로써 치료하는데 사용할 수 있다. 또한 눈에 피가 맺혔거나, 늘 눈물이 나오게 되면 매일 묵은 차로써 여러 번 씻으면 특별한 효과가 있다. 그리고 매일 아침에 이를 닦기 전후나 또는 식후에 묵은 찻물로써 양치질하면 입안이 시원하고 또 치아도 튼튼하게 하는 역할도 한다.

그러므로 차를 마실 때는 위의 삼가 해야 할 사항들을 잘 점검해서 건강에 유익이 있도록 지혜를 모아야 한다. 동시에 항상 차회를 가질 때 새로운 찻잎과 다관과 찻물로 차를 마셔야 건강에 좋다. 반드시 우려내고 난 찻잎은 따로 말려서 보관하여 욕조에 사용하거나 거름으로 사용하거나 제습용으로 사용하고, 남은 찻물은 냉장고에 밀봉하여 보관하며, 마신 다기는 반드시 청결하게 관리하여 다음 차회와 건강을 위해 유의해야 한다.

4. 여성들이 차 마실 때 주의해야 할 점

① 생리 전에는 차 마시는 양을 가능한 줄이도록 한다.

생리시 여성들은 몸안의 철분을 많이 소모하게 되는데, 이시기에 차를 많이 마시게 되면 타닌산이 장점막의 철분 흡수를 방해하기 때문에, 철분 흡수량이 대폭 감소된다. 이 시기에 여성들은 철분 함유율이 높은 시금치 같은 야채나 포도, 사과 등의 섭취량을 많이 늘려 줄 필요가 있다.

② 갓 임신했을 시에도 차를 조심하는 게 좋다.

일반적으로 농한 차들의 경우 카페인 함유율이 10%에 달해, 임신부들의 배뇨횟수와 심장 박동수를 증가시킴에 따라, 신장과 심장에 과부하를 줄 수 있어 임신중독증을 초래할 위험성이 있다. 따라서 이 시기에도 차를 가능한 적게 마시는 게 좋다.

③ 출산 전에 차를 많이 마시는 것은 피하도록 한다.

차중에 함유된 카페인 성분이 흥분작용을 일으켜 수면을 방해할 가능성이 높기 때문이다. 임산부들이 분만전에 수면이 부족하게 되면 분만시 기가 빨리 소진되기 쉽고, 난산의 상황까지도 갈 수 있기 때문에 특별히 수면에 주의하도록 하여야 한다.

④ 모유를 먹일 경우 차를 많이 마시지 않도록 한다.

이 시기에 다량의 차를 마실 경우, 차에 함유된 고농도의 타닌

산이 점막에 의해 흡수되면서 젖샘의 혈액순환에 영향을 주게되는데, 이로인해 모유의 분비가 억제되어 모유량이 부족하게 될 수도 있기 때문이다. 또한 수유기 때 애기엄마가 차를 마실 경우 차중에 함유된 카페인 성분이 모유에 들어가 애기에게도 영향을 주게 되는데, 영아들의 신체 건강에 좋지 않다.

⑤ 갱년기 초기는 차를 적당히 마시는 것이 좋다.

갱년기에 진입한 여성들의 경우, 머리가 어지럽거나 온몸에 힘이 없는 것 말고도, 어떤 경우 심장박동이 빨라지는 현상을 보이기도 하는데, 이로 인해 성격장애가 오기도 하고, 수면의 질이 좋지 않은 현상들이 나타나기도 한다. 이런 몸상태에서 다량의 차를 마시게 될 경우 이러한 증상들이 더욱 가중될 수도 있기 때문에, 설사 차를 좋아하는 여성들이라도 만약 갓 갱년기를 맞는 경우라면, 갱년기 초기 얼마동안은 적당하게 차를 마시는 게 몸에는 오히려 좋을 것이다.

일곱째 마당

한국 차도구의 종류와 용도

제1절 문헌에 나타난 다구

신라 경덕왕 때 충담사(忠談師)가 다구함인 앵통(櫻筒)을 메고 있었는데, 그 안에서 찻을 꺼내 사용 하였다.

안압지 복원 공사 중에 정언다(貞言茶)라는 명문(銘文)이 있는 토기잔이 나왔고, 보천(寶川)과 효명(孝明)은 우통수에서 물을 길어다가 1만의 문수보살에게 차를 공양하였다니까 표주박 · 물병 · 물통을 사용했을 것이다. 원효가 거처했던 방에는 병(瓶)과 자구(瓷具)가 있었다고 하며, 진감국사는 한명(漢茗)을 돌솥(石釜)에서 삶았다고 한다.

또 강릉의 경포대와 한송정에서는 네 화랑의 야외용 대형다구인 석지(石池) · 석정(石井) · 석조(石槽)가 있었다. 이밖에 왕릉에서 출토된 금완(金盌) · 은완(銀盌) 따위도 찻잔으로 분류할 수 있다.

고려시대 송나라 사람 서긍(徐兢)은 고려인들이 금화오잔(金花烏盞) · 비색소구(翡色小俱) · 청자다완(靑磁茶碗) 등의 잔과 탕호(湯壺) · 화로(火爐) · 솥, 그리고 잔뚜껑을 사용하더라고 <고려도경(高麗圖經)>에 기록하였다. 그런데 홍조(紅俎) 위에 다구를 진열한 다음 붉은 색의 비단 상보를 덮었으며, 연회 시에는 뜰에서도 차를 달이고 주인이 권해야 들더라는 것이다. 이 밖에도 고려인들이 사용한 다구는 차맷돌(茶輾) · 다병(茶甁) · 철병(鐵甁:무쇠 주전자?) · 차시(茶匙) · 차선(茶筅) 등이 있으며 찻잔은 구(臼)의 형태가 대부분이나 찻종(茶鍾)도 있었으며 자기 외에 금 · 은 · 유기도 많이 사용되었다.

조선시대에는 금 · 은 · 동 · 도제(陶製)의 다관(茶罐) · 다정(茶亭) · 다병 · 은 · 옥 · 자기의 찻종, 보시기 · 차수건(茶巾) · 차옷(茶衣) · 쟁반(茶盤) · 찻종쟁반(茶鍾盤) · 다시(茶匙) · 다완, 그리고 솥 · 다로(茶爐) · 다조(茶槽) 차궤 등이 있었다.

제2절 차문화의 바탕인 찻잔

다구의 종류와 형태는 시대에 따라서, 또 사용자에 따라서 다를 수 있으나 진화되었을 뿐, 크게 달라 지지 않은 다구 한 가지가 있다. 그것은 차를 마시는 그릇 즉 찻잔이다.

그릇은 사람만이 만들고 누리는 일거리의 하나다. 사람은 그릇으로 하여 딴 짐승과는 다른 살이를 이 루게 되어 먹거리를 언제나 간수케(깨끗하게도) 되고, 더 맛나게(감각적으로) 장만하게 하여 어수선하지 않고 깔끔한 살림살이를 하게 하였다.

더욱이 물로 된 술이나 차는 아무래도 기호품이므로 이것을 더 즐기고, 좋아함을 곱으로 돋보이게 위해서는 이를 담는 그릇에 애쓰지 않을 수 없다. 차를 담는 그릇, 그것은 차와 그릇의 어울림으로 그 격을 한층 더 살릴 수 있다.

한국의 음다속(飮茶俗)에서 차를 마친 차그릇들을 살펴볼 때 차 한가지에만 한정시키면 곤란하다. 왜냐하면 우리 민족은 차만을 마신 경우보다 음주 전후에 차를 마신 경우가 더 많으며 비록 차만 대접한 다고 하더라도 차 한가지만이 아니라 반드시 다담상을 갖추었다.

따라서 다구의 범위가 매우 넓어진다.

또 찻그릇의 재질도 토기나 도자기 뿐만 아니라 금 · 은 · 옥 · 유기 등을 다양하게 사용했음을 간과해서는 안된다.

마시는 차그릇에는 구와 완(碗) 및 잔(盞, 盃)이 있다. 여기서 잔은 구와 완까지 다 말하는 큰뜻과, 조금더 작아진 곧 작은 구, 작은 완과 종(鍾)을 모두 일컫는 작은 말로도 쓰인다. 구는 속이 깊고 운두가 거의 선 U꼴이고, 완은 운두가 벌어진 V꼴이며, 종은 이 둘보다 지름이 더 작고 운두가 곧추 선 원통꼴로, 이들 모두의 높이는 거의 같다(7~8센티 안팎) 요즈음 가루차는 거의 완으로 마시는데 완, 구 모두 가루차 그릇이다.

이밖에 이들보다 훨씬 더 작은 '깍정이'가 있는데 이는 철관음 같은 반뜸 차그릇이다.

제3절 다도구의 종류와 용도

차를 맛있고 향기롭게 마시려면 각종 차그릇이 필요하다. 이를 통틀어 다도구라 한다. 이러한 다도구는 지극히 예술성이 높고 또한 아취적이라서 각자의 취향에 따라 다양하게 선택할 수 있으나 가능한 한 사치스러운 것은 피하고 소박한 것을 선택해야 한다.

좋은 다기는 실용성, 예술성, 경제성 이 세 가지 조건을 반드시 갖추어야 한다.

- 실용성 : 다기는 관상용이 아니라 실생활에 쓰이는 그릇이기에 쓰기에 편리하고 물 끊어짐이 좋고 안정감이 있어야 한다.
- 예술성 : 흔히 투박하고 거칠고 무거운 것이 한국적이라고 생각하는 것은 잘못이다. 전체 균형의 조화를 이루는 아름답고 실증이 나지 않아야 한다.
- 경제성 : 가격이 비싸다고 반드시 좋은 다기는 아니다. 다기는 진열장 속에 넣어두고 보는 관상용이 아니기 때문에 아름답고 쓰기에 편리하며 가격이 저렴하고 자연 유약을 사용하여 인체에 해가 없어야 한다.

1. 다관

탕관에서 끓인 물과 잎차를 함께 넣고 우려내는 주전자를 말한다. 철제, 동제, 은제, 등이 있으나 철제는 녹이 슬기 싶고 은제는 사치스러워서 피하는 것이 좋고 도자기로 된 것이 가장 차의 격조에 알맞다. 다관은 모양과 손잡이가 달린 위치에 따라 명칭이 달라진다. 우리나라에서는 주로 횡파형의 다관을 많이 쓰고 있다. 좋은 다관의 요건은 빛깔, 몸통, 뚜껑, 주둥이, 거르는 거물, 손잡이가 잘된 것이라야 한다. 손잡이를 잡았을 때 편안한 것과 주둥이가 잘 만들어져서 차를 따를 때 찻물이 잘 멈추어지고 줄줄 흘러내리지 않아야 한다. 그리고 다관의 뚜껑이 안정된 것이라야 다관을 기울였을 때 뚜껑이 벗겨지지가 않으며, 다관 내부의 거르는 거물이 가늘고 섬세하게 구멍이 고르게 만들어져서 차 찌꺼기가 새어 나오지 않아야 좋은 다관이라 할 수 있다.

- 상파형(일본) - 후파형(중국) - 정파형 또는 횡파형(한국) - 보병형(손잡이가 없는것)

2. 찻잔

찻잔의 모양에는 잔(盞, 杯, 盃) 주발, 구, 술잔형 등이 있다.

잔의 입이 넓고 아래는 좁으며 몸통이 낮은 것을 잔이라 하며, 잔의 입이 넓고 아래는 좁으면서 굽이 높게 받쳐져 있는 것을 배(杯, 盃)라 하고, 잔의 입과 아래의 넓이가 비슷하고 몸통이 높으며 수직으로 생긴 것, 술잔 형태의 것으로 구별해서 쓸 수 있다. 그러나 이러한 찻잔들은 대체로 투박하지만 뜨거운 열이 겉으로 베어 나오지 않는 것이 좋은 찻잔이다. 소형의 찻잔은 최상품의 끽다용(喫茶用), 중형의 찻잔은 중 등품 이상의 음다용(飮茶用), 대형의 찻잔은 하등품의 다용(茶用)에 적합하다.

초보자에게는 잘 우려진 차의 빛깔인 연녹색을 감상할 수 있는 산뜻한 백자잔이 알맞다.

3. 물식힘사발 -숙우(熟盂)

탕관의 끓인 물을 식히는 그릇으로 잎차에는 필요하지만 말차에서는 필요치 않으며 도자기로 만든 것 이 좋다. 탕수를 다관에 부을 때 바깥으로 흐르지 않도록 입부분이 잘 만들어져야 하며 크기는 다관의 크기에 어울리는 알맞은 것이면 된다.

4. 찻잔받침

찻잔받침은 은, 동, 철, 자기, 목제 등이 있으나 사용할 때 소리가 나지 않고 잘 깨어지지 않는 목제나 죽제로 만든 것이 편리하다. 형태는 배모양과 꽃잎모양, 원형, 타원형, 다각형이 있는데 그 크기는 찻잔의 지름에 비해서 찻잔받침의 지름이 좀 넉넉한 것이 안정감이 있어 좋다.

5. 차통

은, 주석, 양철 등으로 만든 것에서부터 나무, 대나무로 만든 것도 있다. 공기나 습기가 스며들지 않 도록 밀폐된 용기라야 차가 변질되지 않는다. 모양은 통형, 기둥형, 단지형이 많다.

6. 차숟가락

차를 뜨는 숟가락을 말하며 은, 동, 철, 나무, 대나무 등으로 만들어 썼는데 전차용으로는 대나무 토막 을 절반으로 쪼갠 것, 또는 오동나무 등의 목재류가 많이 사용되고 말차용은 대나무의 끝을 구부려 만들 어 쓰며 윤기가 나며 가볍고 매끄러운 것이 좋고 향을 헤치지 않고 냄새가 나지 않는 것이 좋은 차 숟 가락이다.

7. 차솥

찻 물을 끓이는 솥으로 무쇠솥, 곱돌솥, 약탕관, 등이 사용되나 곱돌솥이 제일 좋다. 무쇠솥은 녹이나고 냄새가 나기 쉬우나 돌솥은 돌속에 천지의 수기가 엉겨 있다가 탕을 끓일 때 녹아 나와 차와 함께 어울려 맛을 싱그럽게 한다. 그 다음이 약탕관의 순서이다. 차솥 대신에 보온병을 쓸 경우도 있다.

8. 화로

차를 달이는 첫째 요령은 불을 잘 다루는 일이다. 화로의 불이 벌겋게 단 후 차 주전자를 얹고 부채를 부쳐 물이 끓도록 한다. 이 때 문무를 조절하여 중화가 되도록 해야 한다. 화로의 불은 백탄이 으뜸인데 백탄의 독특한 담향이 차의 격조에 어울릴 뿐 아니라 열 조정하기에 편리하기 때문이다.

9. 찻수건

찻수건은 다관과 찻잔 등 다구를 사용할 때마다 깨끗하게 닦는 차행주이며 물기가 잘 스며들고 잘 마 르는 마포를 쓰는 것이 좋다.

10. 물버림사발

찻잔을 씻거나 예온한 물을 버리거나 차찌꺼기를 버리는 그릇이다. 자기류나 목기류를 쓰는데 그 모양은 원통형, 사방형, 항아리형 등이 있다.

11. 차반

다구를 정돈해 주는 도구용의 다반과 찻잔을 나르기 위한 다반이 있다. 재료는 죽제, 목재류가 많고 모양은 원형, 정사각형, 직사각형, 타원형, 팔각형 등이 있다.

12. 찻상

찻상은 둥글거나 네모진 것이 대부분인데 너무 커도 불편하고 너무 작아도 볼 품이 없다. 찻상의 다리가 통반으로 되어 있고, 찻상 둘레에 외고가 있는 것이 찻상으로 제격이다.

13.표주박

청수통의 생수를 차솥에 붓거나 차솥에서 끓인 물을 떠서 물식힘사발에 옮겨 담는데 사용한다.

14. 물항아리와 찻상보

차 끓일 생수를 담아두는 항아리다. 도기제품을 주로 사용하지만 옹기항아리를 써도 무방하다. 찻물은 차의 몸이라서 물 선택이 매우 중요하며 청수통에 하루정도 재워서 쓰면 더욱 차맛이 좋아진다. 찻상보는 예로부터 빨강색과 남색으로 안팎을 삼아서 만들어 썼다 한다. 굳이 붉은 찻상보로 하는 것은 송나라 서긍의 『선화봉사고려도경』에 붉은 보자기가 보이기 때문이다. 그러나 빛깔이 너무 요란스럽지 않게 겨울에는 무명, 여름에는 모시나 삼베를 만들어 쓰면 좋고 찻상 과 차반을 덮을 정도의 크기면 적당하다.

15. 찻사발

보통 사발정도(입지름 3cm적당)의 큰그릇 모양의 찻사발을 사용한다. 큰 찻사발은 두 사람 이상의 순배용으로 사용하며 작은 찻사발은 각자 잔으로 쓰인다. 청자 혹은 흑 유류의 찻사발이나 회백, 회청색의 분청다완이 말차용 찻사발로서 품위 있으며 적당하다.

16. 차선

대나무 껍질을 아주 가늘게 일으켜서 만든 것으로 찻사발에 가루차와 끓인 물을 붓고 휘저어서 융합 시키는 기구이다. 차선은 대개 80본, 100본, 120본의 세 종류가 있으며 차의 양에 따라 조금씩 다르나 보통 차선(80본)으로 100회 정도 젓는다. 차선의 손잡이 부분을 수절이라 하고 젓는 부분을 수선이라 한다. 차선의 중앙부분(모여진 부분)은 차 덩어리를 부수는 역할을 하고 통발형의 수선은 거품을 일구는 역할을 한다.

[참고] 문헌에 기록된 다구의 명칭

다관(茶罐) : 차를 우리는 주전자

숙우(熟盂) : 물 식힘 그릇

찻잔(茶盞) : 우려낸 차를 담아두는 작은 그릇

차호(茶壺) : 차를 1~2일 동안만 먹을 수 있게 넣어두는 작은 항아리 또는 통

차탁(茶托) : 잔 받침대

차시(茶匙) : 차호에서 차를 떠내는 숟가락

다건(茶巾) : 차를 만들 때나 정리할 때 쓰는 행주

찻상(茶床) : 다관, 숙우, 잔, 차호 등을 올려두는 판

다반(茶盤) : 찻잔을 나를 때나 기타 물건을 담아두는 판

홍보(紅褓) : 찻상을 덮어둘 때 쓰이는 붉은 보자기

탕관(湯罐) : 물을 끓이는 주전자

탕정(湯鼎) : 물을 끓이기 위해 곱돌이나 쇠로 만든 솥

화로풍로(火爐風爐) : 숯불을 담아 찻물을 끓이기 위한 도구

표자(杓子) : 탕정에 탕수를 떠내는 자루가 달린 바가지

차완(茶碗) : 잔보다는 큰 사발로 말차를 마실 때 사용한다.

차선(茶선) : 가루차를 차완에 풀 때 쓰는 대나무로 된 솔

퇴수기(退水器) : 물을 버리거나 설거지 할 때 쓰는 큰 그릇

정환(鼎丸) : 탕정의 손잡이 고리

탕부(湯敷) : 뜨거운 탕관이나 탕정의 갈게

탄(炭) : 불을 피울 때 쓰는 숯

탄두(炭斗) : 숯 바구니

화저(火箸) : 부 젓가락

화삽(火삽) : 부삽

회(灰) : 재

다선(茶扇) : 풍로에 바람을 부칠 때 쓰는 도구

향(香) : 불을 붙였을 때 냄새나는 특수한 나무

향로(香爐) : 향을 피울 때 쓰는 재가 담겨져 있는 그릇

향합(香盒) : 향을 담아두는 뚜껑이 있는 그릇

등(燈) : 불을 밝히는 도구

등잔대(燈盞臺) : 등을 올려놓는 받침대

화병(花甁) : 꽃을 꼽는 작은 병

화기(花器) : 꽃을 다룰 때 쓰는 모든 도구

화대(花臺) : 화병이나 수반을 올려놓는 받침대

다사(茶篩) : 차를 치는 체

차선주(茶선柱) : 차선을 꽂는 대

수호(水壺) : 물을 담아두는 단지

다식저(茶食箸) : 다식을 집을 때 쓰는 젓가락

다식분(茶食盆) : 다식 접시

다식소분(茶食小盆) : 작은 접시

다식기(茶食器) : 다식을 담는 그릇

수관(水罐) : 물 주전자

병풍(屛風) : 글이나 그림이 그려진 가리개

족자(簇子) : 글이나 그림이 그려진 두루마리

다마(茶磨) : 차 잎을 가는 맷돌

방석(房席) : 깔고 앉는 푹신한 깔게

여덟째 마당

차 우리기(行茶法)

제1절 차 우리기를 위한 차도구

차를 우리기 위해서는 최소한의 기본 다구(茶具)가 필요하다

1. 찻잔
2. 차호(차를 담는그릇)
3. 차시(찻 숟가락)
4. 다관(차를 우려내는 그릇)
5. 개대자(다관 뚜껑 받침)
6. 숙우(물식힘 사발)
7. 차탁(찻잔 받침)
8. 다건(행주)

9. 탕관(물끓이는 솥. 주전자)

10. 퇴수기(물버림 사발)

11. 보조상(다식을 준비함)

12. 찻상보

다식 (보조상)	잔 1	잔 2	잔 3	차호	
	잔 4	잔 5		차시 차탁	
	다관	개대자	숙우	다건	탕관

다구차림새

다구는 일인용과 3인용 5인용 등 다양한 것이 많지만 필요한 종류에 따라 별도로 구입할 수도 있다. 차를 우리기 전에 끓인 물로 다구를 한번 헹구어 내거나 다관이나 잔을 예열해서 온도를 적당히 유지할 수 있게 해 주는 것이 좋다.

제2절 차를 우려내는 방법

차의 맛과 향은 차잎 속에 함유되어 있는 화학성분의 복합적인 작용에 의해 향과 맛을 내게 되지만 차를 끓일 때의 여러 가지 조건에 의해서도 차의 맛과 향에 큰 영향을 준다. 더군다나 차는 기호식품이기 때문에 맛이나 향에 대한 기준은 사람에 따라 다를 수밖에 없으므로 먼저 차의 맛을 알고 난 뒤 차의 맛이나 향에 영향을 주는 여러 가지 조건을 고려해서 자기나름대로 차 우리는 법을 정립해 가는 것이 바람직하다.

차의 종류, 차의 량, 채엽시기, 차를 우리는 시간, 다구의 종류, 물의 관계가 중요한 맛과 향을 내는 조건이라 할 수 있으나 다음은 보편적으로 차 우려내는 법이다.

맛있는 차를 우려내기 위해서는 차의 양, 물의 온도, 우리는 시간, 이 세 박자가 잘 맞아야 한다.

1. 차의 양

녹차의 경우 물의 10분의 1이 적당한 양이지만, 차의 종류와 기호에 따라 가감이 있을 수 있다.

2. 물의 온도

① 고온(95-100도) : 발효차 혹은 외형이 딱딱한 차, 예를 들어

오룡차, 흑차, 홍차 등을 우릴 때.

② 중온(80-95도) : 약발효차 혹은 외형이 부드러운 차, 예를 들어 백차, 청차(淸茶), 황차, 향편 등을 우릴 때.

③ 저온(70-95도) : 말차나 용정차, 벽라춘 등을 우릴 때.

3. 우리는 시간

차의 종류에 따라 우리는 시간에 약간의 차이가 있는데, 찻잎이 딱딱한 차들을 우릴 때에는 좀 더 많은 시간이 걸리며(1-2분), 백차(1-10분)나 황차(1-5분)는 고유의 맛과 향을 내기 위해 오래 걸리는 경우가 있다.

4. 우려내는 순서

맛이란 결코 수치로 표현될 수 있는 것이 아니므로 이하는 참고만 하고, 자기만의 맛을 찾기 바란다.

① 녹차

너무 뜨거운 물로 차를 우리면 떫은맛 성분이 빨리 우러나 차의 맛이 떨어지므로 85도 전후 온도(차의 종류에 따라 물 온도를 약간 달리한다. 상품은 80도, 중품은 85도, 하품은 95도 정도. 다만 찐차는 덖음차 보다 낮게 해야 한다)의 물로 천천히 우려 감칠맛이 나는 차가 되도록 한다.

ㄱ. 유발에 뜨거운 물을 붓고, 다관과 찻잔에도 뜨거운 물을 부어 따뜻하게 한다.

ㄴ. 다관의 물을 버리고 2-4g(1인분)의 차를 넣고 적당히 식힌 유발의 물을 다관에 붓는다.

ㄷ. 1-2분 정도 우린 뒤 찻잔에 차를 따라 마신다. 잔에 따를 때는 한 번에 전부 따르지 않고, 아래쪽에서 위쪽으로, 다시 위에서 아래로 옮겨가며 조금씩 잔을 채워 색과 향과 맛을 고르게 한다. 찻잔은 왼손으로 받친 뒤 오른손으로 살며시 감싸쥔다. 먼저 차의 빛깔을 보고, 다음 향기를 맡은 뒤 맛을 보도록 한다. 한 잔을 보통 세 번 정도에 나누어 마시도록 한다.

ㄹ. 둘째 탕은 약간 물 온도를 높이고 우려내는 시간도 조금 더 길게 한다. 다만 둘째 탕의 차맛을 제대로 내기 위해서는 처음의 찻물이 다관에 남지 않도록 하여야 한다(계속 우러나와 쓴맛을 내게 되므로).

② 오룡차

오룡차는 녹차와는 달리 잎이 둥글게 말려있고 가열처리에 의해 향기성분이 잎속에 배어 있기 때문에 물 온도를 높게 하지 않으면 안된다. 또한 보온력이 강한 자사호(紫砂壺 : 붉은 모래흙으로 만든 다관)를 사용하는 것이 적당하나, 다관을 따뜻하게 하여 탕의 온도가 떨어지지 않도록 주의하면 상관없다.

ㄱ. 보온력이 강한 다관에 뜨거운 물을 부어 따뜻하게 덥힌다.

ㄴ. 2-3분 후 물을 쏟아내고, 다관에 2-4g(1인분)의 차를 넣은 후, 뜨거운 물을 부어 1-2분 정도 우려낸다.

ㄷ. 찻잔에 차를 따른 후 다 마시면, 2-5회 반복하여 우려 마시되, 우리는 시간은 약간 늘린다(중국 다기를 이용한 중국차 우려내는 순서는 뒤에서 설명).

③ 홍차

홍차는 밝고 투명한 적갈색의 수색과 풍부한 향기, 약간의 떫은 맛으로 세계 각국에서 널리 음용되고 있는 차이다. 홍차를 보다 맛있게 마시기 위해서는 몇 가지 기본적으로 지켜야 할 규칙이 있는데 이를 보통 골든룰이라고 부르며 영국식의 가장 보편적이고 정통적인 음다 방법이다. 그 내용은 차의 양을 정확히 측정하여, 반드시 한 번만 끓인 95도 이상의 뜨거운 물을 사용해, 티포트로 잘 우려낸다는 것이다. 그리고 차가 너무 진할 때는 열탕을 부어 희석하면 되므로 약간 진하게 우리는 것이 좋다.

ㄱ. 미리 덥혀 놓은 티포트에 2-4g(1인분)의 찻잎을 먼저 넣고 뜨거운 물에 붓는다.

ㄴ. 차를 우리는 동안 티포트가 식지 않도록 타월 등으로 감싸서 보온한다.

ㄷ. 우리는 시간은 홍차의 찻잎 종류에 따라 다르다. 홍차 티백은 1-2분, 가는(파쇄된) 찻잎은 3분, 큰 찻잎은 4-5분, 또한 레몬티는 2분, 밀크티는 3분 정도면 된다(레몬티나 밀크티는 홍차를 모두 우려낸 후 레몬조각이나 우유를 소량 첨가한다).

제3절 실용다례 행다 순서

차를 우려 마시기 위해 다구를 정리하여 펼쳐 놓고 물을 끓이며 주인과 객이 마주앉아 인사를 하고 차와 다기 등에 관해 담소를 한다. 이후 물이 다 끓으면 주인이 차를 우려내는데 그 순서는 다음과 같다.

① 100℃ 끓인 물을 숙우에 붓고 다관에 다시 붓는다. 잠시 후에 다관을 들어서 찻잔에 붓는다. 잔이 데워지는 동안에(여기서 잔을 한번 헹구어 줌)

② 탕관의 물을 숙우에 부어 놓고 물이 식어질 동안 차호 들고 와서 차를 다관에 넣는다.(겨울에는 하투법 여름에는 상투법을 쓰기도 한다)

③ 차건을 들고 와서 숙우에 물을 다관에 붓고 차가 우러나는 동안에 찻잔의 물을 퇴수기에 비운다

④ 다관에 우러난 차를 5번 잔에 한번 부어보고 차가 잘 우러났으면 5. 1. 2. 3. 4. 5. 4. 3. 2. 1번 잔에 와서 다관에 마지막 한 방울 까지도 찻물이 남아 있지 않게 따라준다.(5. 1. 2. 3. 4. 5. 4. 3. 2. 1순으로 차를 따르는 것은 찻잔에 차의 맛과 탕 색을 고르게 하기 위해서이다)

⑤ 찻잔 받침을 들고 와서 차를 손님 앞에 낸다.(이때 손님 앞

에 다식이 준비되어 있으면 좋다.)

⑥ 손님이 차를 마시고 있는 동안 주인은 다시 탕관을 들어 숙우에 물을 붓는다.

⑦ 숙우를 들고 다관에 물을 붓는다. 다관의 찻물을 숙우에 담아 숙우 채 손님 앞에 낸다.(두 번째 차는 이미 다관 속에 차를 한번 우려내어서 차 잎이 불려져 있기 때문에 초탕보다는 빨리 다관의 차를 숙우에 따라 내야 한다.)

⑧ 세 번째 차는 탕관의 물을 다관에 직접 붓는다. 다관이 손님 앞으로 나간다.

제4절 녹차를 맛있게 마시는 방법

1. 녹차를 맛있게 우려내는 법

비약 100℃의 탕수는 식힘 사발에 부어지면 85℃~90℃ 정도가 되며 식힘 사발에서 다관에 부어지면 70℃~80℃가 된다.

① 1인 기준 : 차를 우려내는 시간은 차잎 1.5g ~2g(다술이나 티스픈 1 정도)에 물 50cc(1/4컵)정도로 하고 세작은 40초~70초 사이가 차맛에 좋고 중작일 경우는 60초~90초 정도가 차맛이 좋다.

② 5인 기준 : 차를 우려내는 시간은 1인 기준과 같고 차잎량은 8g 정도, 물은 250cc 정도가 차맛이 좋다.

③ 가루차 : 찻가루 1.2g(말차시로 1술정도)에 물 50cc, 물의 온도는 85~90℃가 되었을 때 색, 향, 맛이 좋다.

■ 참고

차를 우리는 법은 탕수, 다구, 차의 종류, 팽주의 몸 가짐, 차문화에 대한 지식의 정도 등 많은 변수가 개재되어 있어 함부로 말할 수 있는 성질의 것이 아니며, 또한 왕도가 있는 것도 아니다. 앞의 내용은 단지 참고의 자료로 활용하시고 본인 스스로 좋은 음다법을 터득하여야 즐거운 차(茶)생활을 영위할 수 있다.

2. 다관 사용법

① 물을 100도이상 끓인 후 물에 있는 이취나 소독약 냄새를 없애기 위해 2-3분간 뚜껑을 열어 놓는다.

② 다관에 차를 10g(5인기준)정도 넣는다.

③ 70-80도로 식힌 물을 다관에 붓고 약 1-2분 간 우린다.(오랫동안 우리게 되면 떫은 맛이남)

④ 다관에서 다 우려난 차를 찻잔에 고루 붓는다.

⑤ 찻잔의 농도가 고르게 찻잔을 돌아가며 3회 정도 나누어 따른다.

⑥ 다관에 차가 남아있지 않도록 따라 마셔야만 두 번째, 세 번째 우려낼 차의 맛이나 향에 영향을 주지 않는다.

차의 장점은 여유로운 마음이다. 깨끗한 물을 끓이고 정성껏 차를 우려내기까지 일상에서 한 숨 돌리는 여유를 느낄 수 있다. 가장 일반적인 차 끓이는 방법은 1인용 기준으로 차 2g을 50cc분량의 물에 넣고 끓인 뒤 70~80C까지 식혀 마시는 것. 이렇게 하면 너무 떫지도, 싱겁지도 않게 적당히 구수한 맛을 낼 수 있다.

차는 말린 잎이 가늘고 광택이 있으며 바짝 건조된 것일수록 좋다. 또 연황색 계열의 묵은잎이 적고 손에 쥐었을 때 단단하고 무거운 느낌이 들어야 한다. 우려냈을 때 물에 담근 차잎이 원형 그대로를 유지하고 있을수록 공을 많이 들여 재배한 차다.

종이컵에 정수기 물을 받아 티백으로 녹차를 마셔도 맛있게 먹을 수 있는 방법이 있다.

티백을 넣자마자 흔들면 비린 맛이 날 수도 있으므로 20초 정도 두었다가 흔들어 적당한 농도가 되도록 한다. 이때 티백을 위아래로 흔들지 말고 공기와 직접 닿지 않도록 물속에서 좌우로 흔들어야 제대로 맛을 즐길 수 있다.

제5절 좋은 차를 위한 좋은 물 선택 방법

1. 좋은 물 고르는 법

①. 염소가 들어 있지 않아 산화되지 않은 것

② 물 분자가 작아 몸에 흡수되기 쉬운 것

③ 환원작용(항산화작용)을 지닌 것(산화를 방지하는 작용을 지닌 물)

④ 물의 수소이온지수(ph)가 8.0이상으로 약알칼리성인 것

⑤ 칼슘, 마그네슘, 칼륨, 나트륨, 철 등 미네랄 성분이 균형을 이룬 상태인 것

⑥ 산소와 이산화탄소가 적당하게 들어있는 것(마시면 맛이 좋다고 느끼는 것은 1리터 속에 산소 5밀리그램, 이산화탄소 20밀리그램)

⑦ 물에 녹아 있는 산화칼슘의 양이 적어 적절한 경도(硬度)인 것

⑧ 활성산소를 제거하는 활성수소를 함유한 것, 산화환원 전위(ORP)가 낮은 것.

2. 좋은 물을 마시는 법

① 하루에 1.5리터가 적당하며 따뜻한 물을 천천히 마신다.

② 아침에 일어나자마자 500밀리리터

③ 점심식사 30분-1시간 전에 500밀리리터

④ 저녁식사 30분-1시간 전에 500밀리리터

⑤ 식사 중에는 마시지 않는 것이 좋다.

3. 동의보감에 나오는 물의 등급

허준의 『동의보감』을 보면 물을 무려 33가지로 구분하고 있으니 옛 사람들이 물에 대하여 이렇게 예민하게 생각하고 있었다는 것에 놀랍다. 『동의보감』에서는 이렇게 물을 구분 짓고 있다.

(1) [論水品] 물의 품질에 대하여

물은 늘 쓰는 것이라 하여 사람들이 흔히 홀시하는데 그것은 물이 하늘에서 생겼다는 것을 알지 못하기 때문이다. 사람은 물과 음식에 의해서 영양된다. 그러니 물이 사람에게 중요한 것이 아니겠는가. 사람은 살찐 사람도 있고 여윈 사람도 있으며 오래 사는 사람도 있고 오래 살지 못하는 사람도 있다.

이런 차이가 생기는 원인은 흔히 수토(水土)가 같지 않기 때문이다. 그것은 남쪽지방과 북쪽지방을 비교해 보면 알 수 있다(식물).

대체로 우물물은 땅속 깊이 있는 물줄기에서 나오는 것이라야 좋다. 얕은 곳에서 나오는 것은 강물이 스민 것이기 때문에 좋지 않다. 그리고 사람이 많이 사는 마을의 우물물은 개울의 더러운 물이 스민 것이기 때문에 맛이 찝찔하다. 그러므로 끓여서 한참동안 두어 가라앉혀서 찝질한 맛이 없어진 다음 그 윗물을 써야 한다. 이와 같이 하지 않으면 냄새와 맛이 다 좋지 않다. 그러니 차를 달이거나 술을 빚거나 두부를 만드는 데는 더욱 쓸 수 없다. 비가 온 뒤의 흐려진 우물물은 반드시 살구씨나 복숭아씨를 짓찧어 즙을 내서 넣고 휘저어서 잠깐 동안 놓아두었다가 흐려진 것이 가라앉은 다음에 써야 한다(식물).

병을 치료하는데 쓰는 물은 맑은 샘물로 새로 길어다가 써야 한다. 한곳에 고여 있어 더러워지고 흐리며 미지근한 물을 쓰면 효과가 없을 뿐 아니라 오히려 해롭다. 그러므로 쓰지 않는 것이 좋다(본초).

① 정화수(井華水, 새벽에 처음 길은 우물물)

정화수란 새벽에 처음으로 길어온 우물물을 말한다(본초). 성질은 평(平)하고 맛은 달며 독은 없다. 몸시 놀라서 9규로 피가 나오는 것을 치료하는데, 입에서 냄새가 나는 것도 없애고, 얼굴빛도 좋아지게 하며, 눈에 생긴 군살과 예막도 없애며, 술을 마신 뒤에 생긴 열리(熱痢)도 낫게 한다.

정화수에는 하늘의 정기가 몰려 떠 있기 때문에 여기에 보음(補陰)약을 넣고 달여서 오래 살게 하는 알약을 만든다. 깨끗한 것을 좋아하는 사람들은 매일 이 물을 달여 차로 마시면 머리와 눈을 깨끗하게 하는데 아주 좋다. 이 물의 성질과 맛은 눈 녹은 물과 같다(정전).

② 한천수(寒泉水, 찬샘물)

좋은 우물물을 말한다. 성질은 평(平)하고 맛은 달며 독이 없다. 소갈, 반위, 열성 이질, 열림(熱淋)을 치료하고 옻으로 생긴 헌 데도 씻는다. 그리고 대소변을 잘 나가게 한다(본초).

③ 국화수(菊花水, 국화 밑에서 나는 물)

국영수(麴英水)라고도 한다. 성질은 따뜻하고 맛은 달며 독이 없다. 풍비와 어지럼증, 풍증을 치료하는데, 쇠약한 것을 보하고 얼굴빛이 좋아지게 한다. 오랫동안 먹으면 늙지 않고 오래 살 수 있다(본초).

④ 납설수(臘雪水, 섣달 납향에 온 눈 녹은 물)

성질은 차며 맛은 달고 독이 없다 돌림 열병, 온역, 술을 마신 뒤에 갑자기 열이 나는 것, 황달을 치료하거나 여러 가지 독을 푼다. 또한 이 물로 눈을 씻으면 열기로 눈에 피가 진 것이 없어진다(본초).

⑤ 춘우수(春雨水, 정월에 처음으로 내린 빗물)

음력 정월에 처음으로 내리는 빗물을 그릇에 받아서 거기에 약을 달여 먹으면 양기가 위로 오르게 된다(입문).

⑥ 추로수(秋露水, 가을철 이슬)

성질은 평(平)하며 맛이 달고 독이 없다. 소갈증을 낫게 하고 몸을 가벼워 하며 배가 고프지 않게 한다. 또한 살빛을 윤택지게 한다. 아침해가 뜨기 전에 이슬을 받아쓴다.

⑦ 동상(冬想, 겨울에 내린 서리)

성질이 차고 독이 없는데 모아서 먹는다. 술 때문에 생긴 열, 슬을 마신 뒤의 여러 가지 열, 얼굴이 벌겋게 되는 것. 상한으로 코가 메는 것 등에 쓴다(본초).

⑧ 우박(雹, 우박)

⑨ 하빙(夏氷, 여름철의 얼음)

성질은 대단히 차고, 맛이 달며, 독이 없는데 번열이 나는 것을 없어지게 한다.

⑩ 방제수(方諸水, 조개껍질을 밝은 달빛에 비추어 가지고 그 것으로 받은 물)

성질은 차고, 맛이 달며, 독이 없는데 눈이 밝아지게 하고 마음을 안정시키며 어린이의 열과 번갈증을 낫게 한다.

⑪ 매우수(梅雨水, 매화열매가 누렇게 된 때에 내린 빗물)

음력 5월에 내린 빗물을 말한다. 성질은 차고, 맛이 달며, 독이 없는데 이것으로 헌데와 옴을 씻으면 흠집이 생기지 않는다. 그리고 옷 때를 없애는 것이 잿물과 같다(본초).

⑫ 반천하수(半天河水 , 참대울타리 윗 끝이나 큰 나무의 구새 먹은 구멍에 고인 빗물)

성질이 평하고, 약간 차다고도 한다. 맛이 달며 독이 없다. 심병과 미친 병, 독한 사기와 귀정(鬼精)을 없앤다. 정신이 얼떨떨하고 헛소리하는 증도 낫게 한다. 이것은 먹을 수도 있고 여러 가지 헌데를 씻을 수도 있다(본초).

⑬ 옥누수(屋漏水, 볏짚지붕에서 흘러 내린 물)

이 물로 미친 개 한테 물려서 생긴 헌 데를 씻는다. 지붕에 물을 끼얹고 처마로 흘러내리는 것을 받아 쓰기도 한다. 또는 물을 처마의 흙이 젖도록 끼얹은 다음 그 흙을 걷어 개한테 물려서 생긴 헌데에 붙이면 곧 낫는다.

⑭ 모옥누수(茅屋漏水, 새이엉에서 흘러내린 물)

운모독을 풀기 때문에 운모를 법제할 때 쓴다(본초).

⑮ 옥정수(玉井水, 옥이 있는 곳에서 나오는 샘물)

산골짜기 옥이 있는 곳에서 나오는 물을 말한다. 성질은 평하고 맛이 달며 독이 없다. 오랫동안 먹으면 몸이 윤택해지고 머리털이 희어지지 않는다. 산에 옥이 있으면 풀과 나무에도 윤기가 돈다. 풀과 나무에도 윤기가 돌게 하는데 어찌 사람을 윤택해지게 하지 않겠는가. 산에 사는 사람이 오랫동안 사는 것은 옥돌의 진액을 먹기 때문에 아닌가 싶다(본초).

⑯ 벽해수(碧海水, 짠 바닷물)

넓은 바다 가운데서 맛이 짜고 빛이 퍼런 물을 떠온 것이다(본초). 성질은 약간 따뜻하고 맛이 짜며 독이 약간 있는데 이 물을 끓여서 목욕하면 풍으로 가려운 것과 옴이 낫는다. 1홉을 마시면 토하고 설사한 다음 식체로 배가 불러 오르고 그득하던 것이 낫는다.

⑰ 천리수(千里水, 멀리서 흘러내리는 물)

성질은 평하고 맛이 달며 독이 없다. 앓고 난 뒤의 허약해 진 것을 낫게 한다. 1만여 번 드리워서 약을 달이거나 헛 것을 없애는데 쓰면 효과가 있다. 천리밖에서 흘러 내려오는 물이 서쪽에서 흘러오면 동류수(東流水)라고 한다.

⑱ 감란수(甘爛水, 몹시 휘저어 거품이 생긴 물)

곽란을 치료하는데, 방광경으로 들어가 분돈증(芬豚證)도 낫게 한다.

⑲ 역류수(逆流水, 천천히 휘돌아 흐르는 물)

거슬러 흐르는 성질이 있기 때문에 여기에 담음을 토하게 하는 약을 타서 쓴다(정전).

⑳ 순류수(順流水, 순하게 흐르는 물)

성질이 순하고 아래로 흐르기 때문에 하초와 허리, 무릎의 병을 치료하는데 쓴다. 대소변을 잘 나가게 하는 약을 달이는 데도 쓴다(정전).

㉑ 급류수(急流水, 빨리 흐르는 여울물)

아래로 빨리 흐르는 성질이 있기 때문에 대소변을 잘 나가게 하는 약이나 정강이 아래에 생긴 풍증을 치료하는 약을 달이는 데 쓴다(정전).

㉒ 온천물(溫泉)

온천물은 성질이 뜨겁고 독이 있기 때문에 마시지 말아야 한다. 옴이나 문둥병이나 양매창(楊梅瘡) 때에는 음식을 배불리 먹은 다음 들어가서 오랫동안 목욕해야 하는데 땀이 푹 나면 그만두어야 한다. 이렇게 10일 정도 하면 모든 창병이 다 치료된다(식물). 온천 밑에는 유황이 있기 때문에 물이 덥다. 유황으로는 여러 가지 헌 데를 치료할 수 있을뿐 아니라 풍증이나 냉증을 치료하는데 아주 좋다(본초).

㉓ 냉천(冷泉, 맛이 떫은 찬물)

민간에서는 초수(椒水)라고 한다. 편두통 때나 등골이 싸늘한

때나 화가 속으로 몰리면서 오한이 날 때 이 물에 목욕하면 곧 낫는다.

㉔ 장수(漿水, 신 좁쌀죽 웃물)

성질은 약간 따뜻하고 맛은 달면서도 시고 독은 없다. 갈증을 멎게 하고 곽란, 설사, 이질 등을 낫게 한다. 그리고 답답해 지는 증상을 풀어주고 지나치고 졸리는 것을 없앤다(본초).

㉕ 지장수(地漿, 누런 흙물)

누런 흙이 있는(黃土)에 구덩이를 파고 그 속에 물을 붓고 흐리게 휘저은 다음 조금 있다가 윗물을 떠서 마신다(본초). 성질은 차고 독은 없다. 중독되어 안타깝게 답답한 것을 푼다. 또한 여러 가지 중독도 푼다. 산에는 독버섯이 있는데 이것을 모르고 삶아 먹으면 반드시 생명이 위험하다. 또한 신나무버섯을 먹으면 계속 웃다가 죽을 수 있다. 이런 때에는 오직 이 물을 마셔야지 낫지 다른 약으로는 살릴 수 없다(본초).

㉖ 요수, 무근수(無根水)

사람의 발길이 닿지 않은 산골짜기에 새로 판 구덩이 속의 빗물을 말한다. 성질을 보면 흐르지 않고 흙기운이 들어 있기 때문에 위를 고르게 하여 음식을 잘 먹게 하고 중초의 기운을 보하는 약을 달이는 데 쓸 수 있다(정전)

㉗ 생숙탕(生熟湯, 끓는 물에 찬 물을 탄 것)

끓인 물 반사발과 새로 길어온 물 반사발을 섞은 것을 음양탕이라 하는데 이것이 바로 생숙탕이다(의감). 강물과 우물물을 섞은 것도 음양탕이라고 한다(회춘). 맛은 짜고 독이 없다. 여기에 볶은 소금을 타서 1-2되 마시면 음식에 체한 것과 독이 있는 음식을 먹어 곽란이 되려고 하던 것도 토하고 낫는다(본초).

㉘ 열탕(熱湯, 뜨겁게 끓인 물)

성질은 평하며 맛은 달고 독이 없다. 물을 뜨겁게 끓일 때에는 백여번 끓어오르게 끓여야 한다. 만일 절반쯤 끓여서 먹으면 창만병이 생긴다(식물).

㉙ 마비탕(麻沸湯, 생삼을 삶은 물)

퍼런 삼(靑麻)을 달인 즙이다(입문). 주로 소갈증에 쓴다. 냄새가 약하고 허열을 내리운다(입문).

㉚ 조사탕(繰絲湯, 누에고치를 삶은 물)

독이 없다. 이 물은 화(火)에 속하면서도 음증인 병에 쓴다. 주로 소갈증이나 입이 마르는 데 쓴다. 또한 방광에 있는 상화(相火)를 사(瀉)하고 청기(靑氣)를 이끌어 입으로 오르게 한다. 끓여서 마시거나 고치껍질이나 명주실을 달여 마셔도 역시 효과가 있다(단심).

㉛ 증기수(甑氣水, 밥을 짓는 솥뚜껑에 맺힌 물)

머리털을 자라나게 하기 때문에 이 물로 머리를 감으면 머리털이 길어지고 빽빽하게 나오며 까맣게 되고 윤기가 돈다. 아침마다 받아서 써야 한다(본초).

㉜ 동기상한(銅器上汗, 동기에 오른 김)

구리그릇 뚜껑에 맺힌 물을 말한다. 구리그릇 뚜껑에 맺혔던 물이 떨어진 음식을 먹으면 악창(惡瘡)과 내저(內疽)가 생기게 된다

(본초).

㉝ 취탕(炊湯, 숭늉)

묵은 숭늉을 말한다. 하룻밤 묵은 것으로 얼굴을 씻으면 얼굴에 윤기가 없어지고 몸을 씻으면 버짐이 생긴다.

동의보감에서는 사용할 수 있는 물과 사용해서는 안 되는 물, 체질에 맞게 혹은 병을 치료할 약을 다릴 때의 물까지도 세심히 분류를 해 놓았다. 물론 현대에 이르러서는 환경이 오며되어서 더더욱 사용할 수 없는 물들이 많으나 몇 가지의 물은 지금도 지혜롭게 사용한다면 건강에 도움을 받을 수 있다. 궁극적으로 우리가 먹고 마시는 모든 것을 중에 물만큼 중요한 것은 없는데 더구나 물이 전부라고 할 수 있는 차를 이야기하자면 물 이야기는 빠뜨릴 수 없다.

차를 마실 때에 좋은 물에 대해서는 초의스님의 『다신전』에 이렇게 말한다.

■ 品泉[물의 등급]

茶者 水之神 水者 茶之體. 非眞水 莫顯基神 非精茶 莫窺基體 山頂泉 淸而輕 水下泉 淸而重 石中泉 淸而甘 砂中泉 淸而洌 土中泉 淡而白 流於 黃石爲佳 瀉出靑石無用 流動者 愈於安靜 負陰者 勝於陽 眞原 無味 眞水 無香

차는 물의 신(神)이요 물은 차의 몸이다. 좋은 물이 아니면 다신이 나타나기 어렵고 좋은 차가 아니면 차의 몸을 엿볼 수 없다. 산

마루에서 솟아나는 샘물은 맑고 가벼우며, 지하 샘물은 맑으나 무거우며, 돌 사이에서 솟는 석간수는 맑고 달며, 자갈 샘은 맑고 차갑다. 흙에서 솟는 샘은 담백하고 황석(黃石)에서 솟는 물은 좋은 물이지만, 청석(靑石)에서 흘러나오는 물은 쓰지 말아야 한다. 흘러내리는 물은 고여 있는 물보다 좋고, 음지에서 나오는 물은 양지에서 나오는 물보다 참된 물이다. 오염되지 않은 참된 샘의 근원에서 흘러나오는 물은 아무 참맛이 없고, 참된 우물은 아무런 향기가 없다.

■ 茶經云

山水上 江水下 井水最下矣 第一方 不近山 卒無泉水 惟當春積梅雨 其味甘和 乃長養萬物之水 雪水雖淸 性感重陰 寒入脾胃 不宜多積

『다경(茶經』에 이르기를, "산에서 나는 물이 으뜸이고 강물은 하등이며 우물의 물은 최하품이다"라 하였다. 다만 도시 가까운 곳에 산이 없고 좋은 우물물마저 없다면 봄의 매실이 익을 때 내리는 빗물을 써도 괜찮다. 그때 내린 빗물은 맛이 달고 부드러울 뿐 아니라 모든 생물을 길러 주는 생명수이기도 하다. 눈이 녹은 물은 맑기는 하나 물의 성질이 너무 차가워 비위(脾胃)에 찬 기운이 스며들어 많이 마시면 해를 입을 수 있다.

아홉째 마당

한국 차의 역사와 차인열전

제1절 우리나라 차의 역사

고려에 의해 후삼국이 통일되기까지 신라는 우리나라 정치·문화·사회의 중심을 이루었다. 아열대성인 차나무의 식물학적 특성상 북위 36도 이상에서는 생장할 수 없는 지리적 한계 때문에 경상남북도를 중심으로 번창했던 신라는 차를 쉽게 구할 수 있었으며, 이를 근간으로 차문화가 발전했음은 어쩌면 당연한 일이다. 특히 불교를 국교로 했던 신라에서 사찰 중심이었던 차문화의 번성이 용이했으며, 이를 바탕으로 왕과 귀족은 물론 일반 백성들까지 폭넓게 대중적으로 차생활을 영위했다.

1. 가야의 차문화

차가 의식용으로 쓰인 최초의 기록은 『삼국유사』에 나타난다. 『삼국유사』「기이」편 '가락국기'조에는 수로왕의 전설과 함께 가락국의 역사가 단편적으로 소개되어 있다. 그 가운데 차와 관련된 대목을 살펴보면 다음과 같다. "수로왕 즉위 7년, 아유타국(阿踰陁國, 인도의 한 나라)의 공주 허황옥(許黃玉)이 가야의 해안에 상륙했다. 왕은 그녀를 왕비로 맞이하는데, 허황후는 화려한 비단이며 금·은보석과 패물·노리개 등 그 수를 헤아릴 수 없을 만큼 많이 가져왔다. 왕이 황후를 맞이한 후 어느덧 나라와 집안에는 질서가 잡혀갔다. 수로왕과 허황후는 몇 년 뒤 태자 거등(居登)을 낳았다. 그러나 189년 3월 1일, 허황후가 향년 백오십칠 세로 세상을 뜨자 백성들은 비탄에 젖어 구지봉(龜旨峰) 동북쪽 언덕에 장사를 지냈다. 왕비와 사별한 수로왕은 슬픔에 젖어 괴로워하다가 199년에 붕어(崩御)하니 향년 백오십팔 세였다. 대궐 동북방 평지에 거대한 빈궁(殯宮)을 축조하여 장사지내고 수릉왕묘(首陵王廟)라 했다. 그 아들 거등왕(居登王)에서부터 구대손 구형왕(仇衡王)에 이르기까지 이 묘에 매년 정월 3일과 7일, 5월 5일, 8월 5일과 15일을 기해 풍성하고 청결한 제전을 올렸다. 그러나 구형왕이 신라에 항복함으로써 왕위와 나라를 잃게 되자 제사도 끊기게 되었다. 그러다가 삼국을 통일한 신라 제30대 왕인 문무왕(文武王)이, 즉위년(661)에 금관가야의 시조 김수로왕(金首露王)이자신의 외가 쪽 시조이므로 종묘 제사를 합해서 계속 지내라고 명했다. 이에 수로왕의 17대 후손인 갱세급간(賡世級干)이

661년부터 매년 세시(歲時)에 술을 빚고 차와 떡·밥·과일 등을 차려 수로왕묘에 제향을 올렸다. 그 제일(祭日)은 거등왕이 정한 날과 같이 연중 오 일로 했다." 이 기록에 미루어 가락국에서도 차의 비중이 컸음을 알 수 있다.

2. 신라의 차문화

이러한 의식과 차의 관계는『삼국유사』의 다른 대목에서도 나타난다. 경덕왕(景德王)과 충담사(忠談師)의 만남을 설명하고 있는 것이 그것으로, 내용은 다음과 같다. "경덕왕 24년(765) 삼월 삼짇날, 왕이 귀정문(歸正門)에 올라 신하에게 영복승(榮服僧)을 데려오도록 명했다. 그때 마침 한 대덕(大德)이 거리를 걸어가고 있었다. 신하들이 그를 데리고 와서 왕에게 접견시켰으나, 왕은 그 중을 물러가게 하고 다른 중을 만나기로 했다. 새로이 나타난 중은 납의(衲衣)를 입은 채 앵통(櫻筒)을 둘러메고 남쪽에서 걸어오고 있었다. 왕은 반가운 마음으로 바라보다가 그를 문루(門樓) 위로 맞이했다. 그가 둘러멘 앵통 속을 보니 다른 것이 없고 온통 차 달이기에 필요한 기구들만 들어 있었다. 왕은 충담(忠談)인 그에게 어디서 오는 것이냐고 묻자 그는 '제가 해마다 삼짇날과 중구(重九)날이면 남산 삼화령(三花嶺)에 계시는 미륵세존님께 차를 달여 드리옵는데, 지금 바로 차를 올리고 오는 길입니다' 라고 대답했다." 이는 대렴이 당(唐)에서 차 종자를 가져왔다는 흥덕왕 3년에서 보면 63년전의 일이다. 문운의 황금시대였던 경덕왕 시절이 아니더라도 이때에 이미 차가 불공에 쓰이고 궁정에서 예폐물로 다루었던 사실은 드러난 것이 되었다. 이는 삼국사기 신라본기 흥덕왕 조에 적힌 내용을 훌륭하게 뒷받침한다.

…흥덕왕 3년(828년) 당(唐) 사신 대렴(大廉)이 차 종자(種子)를 가지고 왔다. 왕은 그것을 지리산에 심게 했다. 차는 선덕왕 때부터 있는 것인데 이때에 와서 아주 성해졌다…

여기서도 분명해지는 것은 중국으로부터 차 종자가 들어오기 이전 우리에게 차가 있었다는 사실이다. 귀족 문화였을지는 몰라도 이미 차생활이 있었기에 중국을 다녀오는 사신도 차를 가져올 수 있었던 것이다.

또 초의 선사의 『동다송』에 인용된 중국 문헌인『이원(異苑)』에는 섬현(剡縣)에 사는 진무(陳務)의 아내가 울안의 고총(古冢)에 제사지낸 기록을 적고 있는데, "진무의 아내는 차를 마시기 전에 반드시 옛 무덤에 차로써 제사를 올렸는데, 무덤 속의 귀신으로부터 십만 전(錢)의 보답을 받았다" 는 내용이 그것이다.

『삼국유사』에는 "보천과 효명이라는 신라의 두 태자가 오대산에서 수행할 때, 매일 아침이면 우통수(于筒水)의 물을 길어 차를 달여 일만의 문수보살에게 공양했다" 고 했다.

또한 신라 말기의 고승 혜소(慧昭,774-850)는 당나라에서 이십칠년간 수도생활을 하고 돌아와 지리산 화개곡(花開谷)에 옥천사(玉泉寺)라는 절을 창건하고, 중국에서 차의 종자를 가져와서 절 주위에 심어 음용 하면서 여생을 보냈다. 후에 신라 제 50대 왕인 정강왕(定康王)은 최치원(崔致遠)을 시켜 이 절의 이름을 쌍계사(雙磎寺)로 고치게 했다. 그리고 혜소의 시호(諡號)를 '진감국사(眞鑑國師)'로 내리면서 비(碑)를 세우게 했는데, 최치원은 임금의 명령으로 혜소의 행적을 기리는 비문을 지었다. 이 비문을 통해 당시 승려들의 차생활을 엿볼 수 있는데, 관련 구절은 다음과 같다. "간혹 호행(胡行)이 있어 가져다 주는 향은 환(丸)으로 만들지 않고 기왓장에 얹어 잿불로 태우니, 내가 이것이 무엇인지 모르고 그저 마음이 경건할 뿐이다. 또한 한명(漢茗)을 공양하는 자가 있으면 가루로 만들지 않고 그대로 돌솥에 넣고 나무를 때어 삶아 마시니, 내가 이것이 무엇인지 모르고 배를 적실뿐이로다." 차는 잠을 쫓고 정신을 맑게 하는 각성효과로 인해 선(禪)을 추구하는 승려들에게는 수도생활에 더없이 좋은 벗이 되었으며, 공양물(供養物)로 쓰였다. 신라에서는 미륵보살과 문수보살에게 차를 공양하는 풍습이 있었는데 차는 향·꽃·밥 등과 함께 다섯 가지 공양물에 들어가기도 하고 향·등·꽃·과일·밥과 함께 육법공양(六法供養)에 해당하기도 했다. 승려들의 차생활 못지않게 삼국통일의 주역인 화랑들도 차를 즐겨 마셨다는 기록은 곳곳에 남아 있다. 신라 초기의 화랑으로 알려진 영랑(永郞)·술랑(述郞)·안상(安詳)·남석(南石) 등 네 명의 국선(國仙)이 차를 즐겨 마셨음이 고려와 조선시대의 문헌에도 자주 등장하는 것은, 이들 화랑들이 차를 벗삼아 자연에서 풍류를 느끼고 정신을 맑게 했으며 예(禮)를 실천했기 때문이다.

고려의 이곡이 동해안 지방을 여행한 뒤에 쓴「동유기」에는 사선들이 사용했던 다구(茶具)에 대해 상세하게 기록되어 있다. 신라시대의 차는, 설총이「화왕계」에서 신문왕에게 "비록 좌우에서 받들어 올리는 것들이 넉넉하여 기름진 음식으로 배를 채우고 차와 술로 정신을 맑게 하며 의복이 장롱 속에 쟁여 있다 하더라도, 모름지기 좋은 약으로는 원기를 북돋우고 독한 침으로는 병독을 없애야 하는 것입니다" 라고 간언(諫言)했을 정도로 건강상·정신상 음용하기를 모든 이에게 권하는 최고의 음료로 손꼽혔음을 알 수 있다. 최치원은 귀한 차를 받고 감사하는 글에 "선옹(禪翁)을 대접하거나 우객(羽客)께 드려야 할 선황(先皇)을 평범한 선비가 받게 되어 감사하며, 차로써 갈증을 풀 수 있고 근심을 잊게 되었습니다" 라고 썼는데, 이로써 당시 차를 즐겨 마셨으며, 차가 귀한 손님에게 접대하는 음식의 하나로 여겨지면서 학자와 문인들 사이의 친분 관계에서도 중요한 매개체가 되었음을 알 수 있다. '茶淵院(다연원)'이란 명문(銘文)이 새겨져 있다. 여기에 씌어진 '다연원'이 어떤 일을 했던 곳인지 알 수 없지만, 차와 관계된 곳인 것만은 틀림없다는 것은 쉽게 유추해 볼 수 있다.

이런 문헌과 자료들을 바탕으로 삼국시대의 차문화를 다시 한 번 확인할 수 있다. 차가 궁중이나 사원에서 의식용으로 또는 하사품으로 쓰였음을 볼 때, 당시의 차는 귀중품으로 취급된 것이 확실하다. 덧붙여 설명하자면, 차가 누구나 쉽게 구할 수 있는 값싸고 흔한 물건이었다면 왕이 신하에게 주는 하사품으로 쓰이지 않았을 것이며, 당시 최고의 권세를 누리던 세도가와 명망 높은 학자들이 귀한 손님을 대할 때에도 차를 대접했을 것이라는 추측을 쉽게 할 수 있다.

신라의 차문화에 있어서 화랑도의 차 생활 유적이 남아있어 주목된다.

화랑도(花郎徒)는 신라 때 청소년으로 조직되었던 민간 수양 단체로 일명, 국선도(國仙徒)·풍월도(風月徒)·원화도(源花徒)라고 불리기도 했다. 『삼국사기』「신라본기」에 보면 화랑은 진흥왕 37년(576)에 생긴 것으로 되어 있으나, 562년에 이미 화랑 사다함(斯多含)이 대야성(大耶城)을 공격했다는 기록이 있는 것으로 보아, 신라는 이때에 이르러 이전부터 있었던 미비된 상태의 화랑도를 국가조직 속에 편입시켜 무사단(武士團)의 성격으로 강화시킨 것으로 보인다. 화랑도의 가장 중요한 수양방식은 도의(道義)를 닦는 것, 음악으로 심정을 고무하고 부드럽게 하는 것, 명산대천(名山大川)에서 기개와 담력을 기르고 수양하는 것이다. 화랑들의 일상생활은 신체를 단련하고 마음을 수양하는, 말 그대로 수도(修道)와 수행(修行)의 연속이었으므로, 정신을 맑게 하고 생각을 깊게 하는 한 잔의 차는 수도자들에게 더할 나위 없는 기호식품이었을 것이다.

『삼국유사』「감통(感通)」편 '월명사(月明師) 도솔가(兜率歌)'조에 따르면 신라에도 다구 세트〔品茶一襲〕가 있었다. 가루차(沫茶)와 끓인 물을 융합할 때 당나라에서는 무쇠 가마를 썼으나, 신라에서는 최치원의 진감국사 비문에 적힌 대로 돌솥(石釜)을 사용했다. 야외에 다구를 휴대할 때 당나라에서는 대광주리에 담아 갔으나,『삼국유사』「기이」편 '경덕왕 충담사'조에 따르면 벚나무통에 담아서 둘러메고 다녔다. 당나라에서는 찻주발(茶毁)을 썼으나 신라에서는 찻사발이 사용되었다. 이곡의 「동유기」에는 사선(四仙)이 쓰던 차 부뚜막이 강릉 경포대에 있었고, 한송정에는 차샘(茶泉) · 돌부뚜막(石竈) · 돌절구(石臼)가 남아 있었다고 한다. 이제현(李齊賢)의 「묘련사(妙蓮寺) 석지조기(石池竈記)」에 따르면 순암법사(順菴法師)가 동해안에서 본 사선의 다구 유물은 묘련사에 남은 두 바윗덩이와 같다고 했다. 하나는 샘물을 담는 것이며, 또 하나는 두 군데가 오목하게 파여 있는데, 원형에는 물을 담았고, 타원형에서는 찻그릇을 씻은 듯하다. 여기에서 한송정은 강릉시 하시동 불하산(拂下山) 아래 있으며, 지금도 찻물로 이용된 돌우물(茶泉)과, '鍊丹石臼'라고 음각되어 있는, 차를 달이던 돌절구(石臼)가 남아 있다.

화랑과 차 관계를 한 가지 더 예거하면 「도솔가(兜率歌)」를 지은 월명(月明)스님이 "신승은 다만 국선(國仙)의 무리에 속해 있사온즉, 오직 향가만 알 뿐 범성(梵聲)에는 익숙치 못하옵니다."라고 경덕왕께 아뢰었으며, 왕은 월명 스님에게 차일품(茶一品)을 하사했다는 기록이 『삼국유사』에 있다. 또한 『삼국유사』에는, 남산 삼화령 미륵불에 헌다하고 경덕왕께도 차를 올린 충담(忠談)스님도 화랑이었다고 기록되어 있다. 따라서 신라 차문화는 화랑에 의해 성립되었다고 판단할 수 있다.

신라 차문화의 정립 연대는, 늦게 잡아도 사선의 다구가 출현

하는 시기가 되는데, 그렇다면 사선이 어느 시대의 화랑인가를 알 필요가 있다. 『삼국유사』 「탑상(塔像)」편 '백률사(栢栗寺)'조에 의하면, 술랑과 안상은 효소왕대(692-701)의 화랑이었다고 기록되어 있으므로 육우의 『다경』에 적힌 다구보다 앞선다. 한편 충담 스님이 메고 다닌 벚나무통을 포함한 다구들은 화랑의 산천유오(山川遊娛)에 알맞도록 고안된 야외용 다구라고 생각된다.

3. 활짝 핀 차문화, 고려시대

신라의 차생활이 고려에까지 이어지면서 차를 음용하는 사람들도 여러 계층으로 늘어났다. 신라에서 왕실과 귀족 · 승려 · 문인들이 주향유층이었다면, 고려시대에는 평민들 사이에도 차를 즐겨 마시는 풍습이 성했고, 국가의 식은 물론 백성들의 제사의식에도 차가 빠지지 않았다. 국가의식에는 반드시 '진다의식(進茶儀式)'이 행해졌는데, 여기서 '진다(進茶)'란 술과 과일을 임금께 올리기 전에 임금이 먼저 차를 청하면 신하가 차를 올리는 것을 말하는 것으로, 고려시대 궁중의식차(宮中儀式茶)의 표본이라 할 수 있으며, 진다의식은 이때 행하는 제반의식을 말한다. 고려 때 왕이 행하는 별도의 의식으로서 다례가 행해졌다는 것은, 차가 진상(進上)하는 중요 음식으로서 자리 잡았음을 의미하는 것이다.

신라와 함께 불교국가였던 고려에서는, 연등회(燃燈會)와 팔관회(八關會)가, 궁중에서 행해지는 가장 중요한 행사였다. 이때에도 진다의식은 반드시 거행 됐다. 이 의례(儀禮)를 주관한 관청이 바로

'다방(茶房)'이었다. 연등회는 정월 보름에 불을 켜고 부처님에게 복을 빌며 노는 민속의식으로서, 고려 태조(太祖) 때부터는 백성들을 위해 나라에서 해마다 열었고, 그 뒤에 나라의 풍속이 되어 시골에서도 이 모임을 열었다. 팔관회는 오래 전부터 시조의 묘에 제사하던 풍속이 고려시대에 불교가 번창함에 따라 불교의식을 가미한 토속신을 위한 제사행위로 변한 것이다.

『고려사(高麗史)』에 의하면, 제6대 임금인 성종(成宗, 재위 982-997)은 직접 단차(團茶)를 맷돌에 갈았다고 한다. 이러한 사실은 최승로(崔承老, 927-989)가 올린 개혁안 「시무이십팔조(時務二十八條)」에 나타난다. 최승로는 일종의 서정쇄신책(庶政刷新策)으로 성종 원년(982)에 이 안을 올렸는데, 그는 두 번째 조항에서 다음과 같이 설명했다. "가만히 살펴 듣건대 성상(聖上)께서 공덕재(功德齋)를 세우시고 혹 몸소 차를 맷돌에 갈고, 혹은 친히 보리도 간다 하온즉, 신은 성체(聖體)의 근로하심을 심히 근심스럽게 생각합니다. 이 폐단은 광종 때부터 시작되었습니다." 여기에 나타나 있듯이 왕이 손수 단차를 만들었다는 것은 당시 상황에서 놀라운 일이며, 광종(光宗, 재위 949-975)은 고려의 제4대 임금으로 이미 고려시대 초기부터 차가 왕식의 귀중품으로 쓰였음을 잘 타나내 주는 문구이다.

『고려사』 '연등회'조를 보면 진다의 자세한 절차가 기록되어 있다. 그리고 궁중에 '다감(茶鑑)'이란 관청도 생겼으며, 임금은 신하가 죽었을 때 차를 하사하기도 했다. 또 이 글을 보면 여든 아홉 가지 의식 가운데 차를 내어야 하는 의식이 무려 열한 가지나 된다.

길례(吉禮)로서 원자의 탄생 축하 의식, 왕태자의 책봉 의식, 왕자비의 책봉 의식, 공주의 탄생 축하 의식, 공주의 결혼식에 진다의식이 거행되었다. 가례(嘉禮)로서 명절인 음력 11월 14-15일의 팔관회와 2월 15일의 연등회, 원정(元正) · 동지의 조하(朝賀)의식, 대관전(大觀殿)의 군신 연회에 다례가 있었다. 빈례(賓禮)로서 노인의 사연(賜宴)의식, 북조(北朝) 사신의 영접 의식에 다례를 행했다. 흉례(凶禮)에는 엄중한 처벌에 대해 임금께 대답하는 말씀을 여쭙는 의식인 중형주대의(重刑奏對儀) 때에도 진다의식이 있었다.

또한 고려시대 차문화를 이해하는 데 간접적으로 도움이 될 자료로 『선화봉사 고려도경(宣和奉使高麗圖經)』이 있다. 송(宋)나라 휘종(徽宗)이 파견한 고려 국신사(國信使) 일행 중 제할인선체물관(提轄人船體物官)으로 고려 송도(松都)에 다녀간 서긍(徐兢)은, 한 달 동안 고려에 머물면서 보고 들은 것을 상세하게 기록했다. "무릇 연회 때면 뜰 가운데 차(茶)를 끓여서 은쟁반으로 덮어 가지고 천천히 걸어와서 내놓는다. 그리고 찬자(贊者, 알리는 사람)가 '차를 다 돌렸소'하고 말한 뒤에야 마실 수 있으므로, 으레 냉차(冷茶)를 마시기 마련이다." 또 서긍이 어느 관리로부터 초대받아 갔을 때의 모습도 기록되어 있다. "일행이 열을 지어 앉은 다음 주인의 아들이 다과(茶菓)를 올렸고, 예쁜 젊은이가 찻잔을 돌려놓고 왼손에 다관을 들고 오른손에는 차선(茶筅)을 들었다. 윗자리부터 차를 따르고 아랫자리에 이르는 동안 조심하여 난잡함이 없었다." 일반 가정에서 손님이 왔을 때 차를 대접하는 모습이다. 아마 이때 사용했던 차는 가루차(沫茶)인 듯하다. 또한 서긍이 길을 가는데 만나는 사람마다 그에게 '차를 마시고 가라'고 하여, 일반 서민사회에서도 차를 많이 마시는 습속이 있었음을 술회하고 있다.

이 외에도 궁중의식 가운데 왕이 신(神)이나 부처께 재(齋)를 올릴 때도 차가 쓰였다. 그러나 고려시대에 차가 쓰인 것은 이 두 행사뿐만이 아니었다. 여타의 큰 의식이 있을 때에도 진다(進茶)가 행해졌는데, 왕자나 왕비(王妃)의 책봉, 공주하가의(公主下嫁儀), 외국 사신의 영접 때에도 진다의식이 베풀어졌다. 또, 왕자나 공주가 탄생했을 때, 군신들이 모여서 회의를 할 때, 중신(重臣)이 죽었을 때에도 왕이 차를 내렸다.

정월 초하룻날 대궐에서 조회를 할때의 의식인 '원회의(元會儀)'와 궁중의 연회 때에도 신하가 왕에게 차를 올리고 신하들은 왕이 하사한 차를 마셨다. 관청에서도 차 마시는 풍습이 있어, 사헌부(司憲府)에서는 날마다 한 번씩 차를 마시는 '다시(茶時)'를 가지면서 공정한 판결을 위해 노력했다. 이때 차의 역할은 의식적인 측면을 떠나, 차 마시는 예절을 통해 몸과 마음을 정갈하게 하고 각성효과 등의 약리적 효과를 누리기 위함이었을 것이다.

차는 사신을 맞거나 보낼 때 등 중요한 국제외교 관계가 있을 때도 예물로 사용되었다. 송(宋)나라에서 고려에 보낸 예물 중에 용봉차(龍鳳茶)가 있었고, 고려가 원나라에 예물을 보낼 때도 향차(香茶) 등을 넣어 보냈다고 한다. 고려에서는 또 중국 왕의 조칙(詔勅)을 가져온 사신에게는 진다의식을 갖추어 대접함으로써 품격을 높이려 했으며, 조칙을 갖고 오지 않은 사신에게는 간단하게 차를 베풀고 인사를 한 후 객관으로 안내했다는 기록도 찾아 볼 수 있다. 이렇게 궁중의 대소사(大小事)와 외교 관계 등 각종 행사에 차가 빠짐없이 쓰이고 그 횟수도 빈번해지자, 고려에는 차에 관한 일을 전담하는 '다방(茶房)'이라는 관청이 생겨났다. 이곳엔 의약과 치료에 관한 일을 맡아보던 태의감(太醫監)이 소속되어 있었고, 또한 궁중 밖에서 왕족에게 차를 올리거나 준비하는 일을 위해 다구(茶具)와 각종 행사 물품을 전담해 나르는 차군사(茶軍士)가 배치되기도 했다.

고려 중기 이후에는 궁중뿐만 아니라 각 사원(寺院)에서조차 차의 쓰임새가 더욱 많아져 다방만으로는 그 업무를 감당하기 힘들게 되자, 차를 재배하고 제다(製茶)까지 해 사원에 공급하는 부락인 '다촌(茶村)'이 생겨나기에 이른다. 고려시대에 씌어진 『통도사 사리가사 사적약록』에 따르면 "통도사 북쪽 동을산(冬乙山)에 다촌이 있었다"고 전하고 있다. 동을산은 오늘날의 경상남도 양산시 하북면에 있는 영취산(靈鷲山)으로, 이 마을에는 다전(茶田)과 다천(茶泉)이 남아 있어 후세에 '다소촌(茶所村)'이라 불렀다. 다방과 다촌이 언제부터 생겨났는지 정확한 연대는 밝혀지지 않고 있으나 일설에 의하면 고려 정종(定宗, 재위 946-949)대의 일이며, 동을산 북쪽에 있었다는 다촌의 위치는 현재 울산 울주군 언양읍 부근으로 추정된다.

4. 조선의 차문화

조선시대에는 억불숭유정책으로 다소 다도가 쇠퇴하였으나, 사원을 중심으로 그 전통이 이어졌다. 초기에는 조정과 왕실제도나 의례에서 고려의 음다풍속을 이어왔으나 임진왜란 이후 차문화가 급격히 쇠퇴하게 되어 차의 품격도 떨어졌다.

그러나 조선말엽 정약용(丁若鏞) · 김정희(金正喜) · 초의선사(艸衣禪師) 등을 중심으로 차의 중흥기가 있었다. 전라남도 강진(康津)으로 유배되었던 실학자 정약용은 야생차가 성하던 그곳에 다산초당(茶山草堂)을 짓고 차생활을 즐겼는데, 다산이 차와 인연을 맺게 된 것은 초의선사를 만나고부터이다.

초의는 《동다송(東茶頌)》을 지었고 차를 재배, 법제하는 방법 등 다도의 이론적인 면이나 실제적인 면을 정리하고 이를 발전시켰다.

5. 현대

8·15와 6·25의 격동기가 지나고 사회가 안정되면서 차에 대한 관심이 높아지고 다도의 계승·발전을 위한 다도문화의 저변확대사업이 일어났다. 이는 사찰과 동호인 모임 중심으로 전개되다가, 82년 7월 문화공보부에서 다도문화진흥책으로

① 전통다도의 연구와 정립

② 다도의 홍보와 교육

③ 관광지에 다원(茶苑) 개설

④ 차생산 기반의 확충과 내실화

⑤ 재래차의 보호

⑥ 다기(茶器)의 대량생산 지원 등을 폈으며,

89년 이후부터는 다산 정약용의 묘가 있는 경기도 남양주군(南楊州郡) 조안면(鳥安面) 능내리(陵內里)에서 매년 5월 25일 <차의 날> 행사가 개최되는 등 전통다도의 계승과 발전을 위한 운동이 끊임없이 이어지고 있다.

제2절 우리나라 차인열전

1. 삼국시대

(1) 원효(元曉, 617~686)

32살에 황룡사에서 승려가 되었다. 661년(45살)에 의상(義湘)과 유학 차 당나라에 가는 길에 당항성의 옛 무덤에서 잠을 자다가 목이 말라 달게 마신 물이 해골에 괸 물이었음을 알고, 모든 것은 마음에 달렸음을 크게 깨닫고 도중에 돌아왔다. 원효는 인간은 모두 평등하다는 기본원칙 위에 민중을 중심으로 한 화합사상인 화쟁불교를 창출하여 불교사상의 종합과 실천에 힘썼고 통일의 기반을 조성하였다. 다인 원효에 관한 기록은 고려 때 이규보가 쓴 <남행월일기(南行月日記)>에 적혀있다.

경신년(庚申年:1200년) 8월20일 부령(扶寧:지금의 부안) 현령(縣令) 이군(李君) 및 다른 손님 6~7인과 더불어 원효방(元曉房)에 이르렀다. 높이가 수십 층이나 되는 나무 사다리가 있어서 발을 후들후들 떨며 찬찬히 올라갔는데, 뜨락과 창과 문이 수풀 끝에 솟아나 있었다. 듣건대, 이따금 범과 표범이 사다리를 타고 올라 오려다가 결국 올라오지 못한다고 한다. 곁에 한 암자가 있는데, 세속에 전하기로는 이른바 사포성인(蛇包聖人)이 옛날에 머물던 곳이라 한다. 원효가 와서 살자 사포가 또한 와서 모시고 있었는데, 차를 달여 효공에게 드리려 하였으나 샘물이 없어 딱하던 중, 물이 바위 틈에서 갑자기 솟아났는데 맛이 매우 달아 젖(乳)과 같으므로 늘 차를 달였다 한다. 원효방은 겨우 8척(2.4m)쯤 되는데, 하 늙은 중이 거처하고 있었다. 그는 삽살개 눈썹과 다 헤어진 누비옷에 도를 닦는 모습이 고고하였다. 방 한가운데를 막아 내실과 외실을 만들었는데, 내실에는 불상과 원효의 초상화가 있고, 외실에는 병(瓶) 하나, 신 한 켤레, 찻잔(茶병)과 불경놓은 책상만이 있을뿐, 불 때는 도구도 없고 시자(侍者)도 없었다.

(2) 지장법사(地藏法師, 705~803)

신라 성덕왕(聖德王)의 아들로 24살에 중국 안휘성(安徽省) 구화산(九華山)에 들어가 성도(成道)하여 99세에 입적하였다. 중국의 차 역사에 발자취를 남겼는데, 당시 구화산에 심은 차를 <공경차(空梗茶)>라고 했으며 맛이 특별하였다는 기록이 청나라의 『다사(茶史)』에 적혀있다.

(3) 설총(薛聰, ?~692~746~?)

학자로서 이두문자를 집대성하였고, 벼슬은 한림(翰林)을 지냈다. 원효의 아들이며 어머니는 요석공주이다. 설총이 신문왕(681~692)의 자문역을 맡았을 때 왕에게 이야기 해준 <화왕계(花王戒)>에는 화왕이 지켜야 할 계율을 의인화된 꽃들로 하여금 말하게 하여 군주에게 도덕정치를 요구하는 유교사상이 나타나있다. 그 중에 「백두옹(白頭翁)」이라는 할미꽃이 화왕인 「모란」에게 말하기를,

"임금께서는 좋은 고기와 곡식으로 배를 부르게 하나 차와 술로써 정신을 깨끗하게 해야 한다고 생각합니다."

라고 했다. 위에서 볼 때 차를 술보다 앞에 써 더 중요시하였고, 7세기에 왕이 술과 마찬가지로 차도 일상적으로 마셨음을 알 수 있다. 설총은 차와 술이 모두 정신적인 한가로움을 주는 유익함에 가치를 두었다. 그러나 중국의 다주론(茶酒論)은 차와 술이 서로 훌륭하고 서로 나쁘다고 싸우는 것을 물이 나서서 중재하는 내용으로, 설총의 다주유익론과는 차이가 있다.

(4) 보천(寶川)과 효명(孝明) 태자

보천과 효명 태자는 신문왕(神文王, 681~692)의 두 아들로 『삼국유사』 제3권의 <대산(臺山=오대산) 오만진신(五萬眞身)>에는 아래와 같이 적혀있다.

두 형제가 무리 천 명을 각기 거느리고 하서부(河西府 : 溟州, 지금의 강릉) 등지에서 여러날을 유람하다가 속세를 벗어날 뜻을 비밀리 약속하고 남몰래 도망하여 오대산에 들어갔다…… 푸른 연꽃이 핀 곳에 각기 암자를 짓고 부지런히 업(業)을 닦았다…… 매일 새벽이면 진여원(眞如院 : 上院寺)에 36종의 형상으로 나타나는 문수대성(文殊大聖 : 文殊菩薩)에게 두 태자는 동중수(洞中水)를 길어다가 차를 달여 공양하고…… 저녁이면 각기 암자에서 도를 닦았다

…… 보천이 오대산 신성굴(神聖窟)에서 50년 동안을 수진(修眞)하였더니 도리천의 신이 삼시(三時)로 법을 듣고 정거천(淨居天)의 무리가 차를 달여 바쳤다.

또한 『삼국유사』<명주(溟州:강릉) 오대산 보질도(寶叱徒) 태자 전기>에도 위의 내용이 있는데, 보천을 보질 태자라고 했고 동중수를 우통수(于洞水)라 하였다. 위에서 1천명의 무리는 낭도를 의미하며 보천과 효명은 낭도 혹은 화랑의 지도자였던 것 같다. 매일 문수보살에게 차를 달여 공양했다는 사실이 주목된다.

(5) 충담사(忠談師, ?~765~?)

향가의 대표적 작가이자 승려 화랑으로 중국 육우(陸羽, 727~803)와 같은 시대를 산 다인이었다. 『삼국유사』 제2권 <경덕왕 충담사 표훈대덕(表訓大德)>에는 아래와 같이 기록되어 있다.

왕이 나라를 다스린지 24년(765)에 오악삼산(五嶽三山)의 신(神)들이 간혹 현신(現身)하여 대궐 뜰에서 왕을 모시었다. 3월 3일에 왕이 귀정문(歸正門)의 누상(樓上)에 납시어 좌우에게 묻기를, '누가 쉽게 길에 나가 위의(威儀)있는 승려를 데려올 수 있겠느냐?'하였다. 이때 마침 위의가 깨끗한 한 고승이 길에서 배회하고 있으므로 좌우가 보고 데리고 와서 보이니 왕이 말하기를, '내가 말하는 위의있는 스님이 아니다'하고 돌려 보냈다. 다시 승려 한 사람이 허름한 승복을 입고 앵통[櫻筒, 일설에는 궤를 짊어졌다 함]을 지고 남쪽에서 오는지라, 왕이 기뻐하여 누(樓) 위로 맞아 들였다. 그의 통 속을 보니 다구(茶具)가 담겨 있었다.

'그대는 누구요?'하고 물으니 '충담입니다'라고 대답하였다.

'어디서 오시오?'하고 물으니 대답하기를, '내가 매년 3월 3일과 9월 9일에는 차를 달여서 남산 삼화령(三花嶺)의 미륵세존(彌勒世尊)에게 드리는데 오늘도 드리고 오는 길입니다'하였다.

왕이 '나에게도 차 한 잔을 주겠소?'하니 스님이 차를 달여 드렸다. 차 맛이 이상야릇하고 잔 속에는 묘한 좋은 향기가 풍기었다.

왕이 말하기를, '내가 듣자니 스님이 기파랑(耆婆郞)을 찬미한 사뇌가(詞腦歌)가 그 뜻이 매우 높다고 하던데 과연 그러하시오?'
'그러하옵니다'

'그러면 나를 위하여 안민가(安民歌)를 지어 주시오' 충담이 곧 왕 명을 받들어 노래를 지어 받치니 왕이 아름답게 여겨 임금의 스승으로 봉하니 충담이 재배(再拜)하고 굳이 사양하며 받지 아니하였다.

그의 안민가에는 '임금은 아비요, 신하는 사랑스런 어미시라, 백성을 즐거운 아이로 여기시니 백성이 은혜와 사랑을 알리로다. 구물구물 사는 물생(物生:사람)들 이를 먹여 다스리니, 이 땅을 버리고 어디로 갈소냐. 나라를 지닐 줄 알리로다'라고 하였고, 후귀(後句)에는 '임금답게 신하답게 백성답게 할지면, 나라는 태평하리로다'고하였다.

(6) 최치원(崔致遠, 857~894~?)

신라 말엽의 학자로 자는 고운(孤雲)이며 해동공자(海東孔子)라 일컬었다. 13살에 당나라에 유학하여 과거에 급제하고 많은 벼슬을 받았으며, 29세(885년)에 귀국하여 한림학사(翰林學士), 수병부시랑(守兵部侍郎) 등을 지내다가 문란한 국정을 통탄하고 외직(外職)을 자청하여 태수를 지냈다. 894년(진성여왕 8년)에 시무(時務) 10여조를 상소하였으며 그 후 관직을 내놓고 난세(亂世)를 비관하여 각지를 유람하다가 가야산 해인사에서 여생을 마쳤다. 그가 언제 세상을 떠났는지 아무도 모르나 이인로(李仁老)는 『파한집(破閑集)』에서 "그는 아마 신선이 되어 간 것일 게다"라고 하였다.

그가 당나라에서 벼슬할 때 차와 약을 사서 고국에 부치겠다는 편지가 전해지며 당시에 햇 차를 받고 감사하는 글이 아래와 같이 전해진다.

"선옹(禪翁:선승)을 대접하거나 우객(羽客:신선)께 드려야 할 선황(仙貺:신선들끼리 주고받는 선물)을 평범한 선비(최치원)가 받게 되어 감사하며, 차로써 갈증을 풀 수 있고 근심을 잊게 되었습니다."

그의 저서로는 『계원필경(桂苑筆耕)』 『중산복궤집』 등이 있으며, 그가 쓴 쌍계사 진감선사(眞鑒禪師) 대공탑비(大空塔碑)와 무염국사(無染國師) 비명(碑銘)에는 차에 관한 귀절이 있다.

2. 고려시대

(1) 임춘(林椿, ?1145~1170?)

고려 중기의 문인으로 호는 서하(西河)이다. 여러번 과거에 실패하고 정중부의 난에 겨우 목숨을 건져 시와 술로 세월을 보내다가 30대 후반에 요절하였다. 그는 서당에서 삼매경(三昧境)의 점다(點茶) 솜씨를 자랑하였고, 때로는 밝은 달밤에 봄차를 맷돌에 갈아 마시고 거문고를 탔다. 저서로는 『공방전(孔方傳)』『국순전(麴醇傳)』『서하선생집(西河先生集)』등이 있다.

(2) 김극기(金克己, 1148?~1209)

학자이며 문장에 조예가 깊어 많은 작품을 남겼다. 권세를 즐기기 보다는 산림 속에서 시를 읊기를 즐겼다. 고요한 밤에 찻물이 끓는 소리를 삽삽(颯颯) 소나기 오는 소리에 비유하였고, 용만(평북 의주)에서 산을 오르다가 돌비탈에 새겨진 시를 보고 시를 읊은 사람과 찻 자리(茗席)를 같이 하지 못한 것이 한스럽다고 했다.

(3) 이규보(李奎報, 1168~1241)

고려 중엽의 대 문장가로 호를 백운산인(白雲山人) 혹은 백운거사라 하였다. 당시에는 글을 읽고 씀에 중국의 모방이 많았으나 기개있고 강직한 이규보는 그렇지 않았으며, 고구려의 시조 동명성왕의 이야기를 서사시로 엮는 등 민족정신에 바탕을 두고 우리 것을 글로 썼다. 최씨의 무단정치로 한때 뜻을 펴지 못하였으나 나중에는 순탄한 생애를 보내어 집현전 대학사(集賢殿 大學士), 문하시랑 평장사(門下侍郞 平章事) 등의 벼슬을 했다.

『동국이상국집(東國李相國集)』『백운소설(白雲小說)』『국선생전(麴先生傳)』 등의 저서가 있고 50여 편에 이르는 다시를 남겼다. 차를 끓여 마시어 바위 앞의 샘물을 말리고 싶다고 할 정도로 차를 좋아했으며, 삼매경에서 손수 차 끓이기를 즐기어 「차 한 사발은 바로 참선의 시작」이라고 하였고, 「차의 맛은 도(道)의 맛」이라고 하여 세계 최초이며 유일하게 다도일미(茶道一味)를 주창하였다.

(4) 진각국사(眞覺國師, 1178~1234)

호는 무의자(無衣子)이고 별호는 혜심(慧諶)이며 진각은 그의 시호이다. 사마시에 합격하고 보조국사(普照國師) 지눌(知訥) 밑에서 중이 되었다. 유학에도 통하였고,유(儒) 불(佛)이 다를 바 없다고 했으며, 몽고 항쟁에 일익을 담당하기도 했다. 그는 너럭바위 위에 앉아 밤낮으로 도를 닦았고 때로는 쌓인 눈 속에서도 단정히 앉아 오직 구도(求道)에 몰두했다 한다. 보조국사가 입적하고 진각국사가 조계종의 제2세가 되었을 때 강종(康宗)과 최우(崔瑀)가 차와 향, 옷 등을 여러 차례 하사하였다.

저서로는 『진각국사 어록』『선문염송(禪門염頌)』『무의자시집』 등이 있다.

(5) 원감국사(圓鑑國師, 1226~1292)

호는 충지(沖止), 밀암(蜜庵)이며 19세때 문과에 장원급제하여 벼슬이 한림(翰林)에 이르렀다. 대문장가이며 원감은 그의 시호이다. 출가하여 선원사(禪源寺)의 원오국사에게 구족계(具足戒)를 받고 조계종의 제6세가 되었다. 20수가 넘는 그의 다시문이 『원감국사 가송』에 전해진다. 그는 갈증이 나면 흔히 말차(末茶)의 다유(茶乳)를 즐겨 마셨으며 차의 맛이 달다고 표현했다.

(6) 이제현(李齊賢, 1287~1367)

호는 익재(益齋)이며 15세에 성균시(成均試)에 장원급제하고 또 병과(丙科)에 급제한 성리학자이자 문호이며, 대인(大人) 기상의 덕망 높은 재상이었다. 66세때 정승을 사임하고 이색을 천거하여 인재를 선별하였다. 저서로는 익재선생집((益齋先生集) 익재난고(益齋亂藁) 역옹패설(櫟翁稗說) 등이 있다. 그는 경포대와 한송정에서 신라의 사선(四仙)들이 차 끓여 마시던 것과 똑같은 석지조(돌못화덕)를 개성 근처 묘련사에서 발견된 것을 기념하여, 그 내력에 대한 기문(記文)을 쓰고 여러 문인들과 그 석지조에 차를 끓여 마셨다.

(7) 이색(李穡, 1328~1396)

이색은 이곡의 아들로서 호는 목은(牧隱)이며 14살에 성균시(成均試)에 합격한 수재이다. 원나라에서 일을 보던 아버지의 인연으로 20대에 원나라에서 잠시 벼슬을 하기도 했으며, 귀국하여 국정에 참여하여 성균 대사성이 되었고, 정몽주, 김구용 등과 함께 명륜당에서 학문을 강혼하였다. 조선의 태조 이성계가 큰 벼슬을 주며 예를 다해 출사(出仕)를 종용했으나 망국의 사대부는 해골을 옛산에 묻을 뿐이라고 하며 끝내 거절하다가 피서가던 길에 원인 모르게 갑자기 죽었다. 문하인 권근(權近), 김종직(金宗直), 변계량(卞季良) 등은 모두 다인이었으며 조선 성리학의 주류를 이루게 하였다.

그는 차를 몹시 좋아하여 깊은 산 속 골짜기의 벼랑에서 떨어지는 샘물가에서 부싯돌을 쳐서 차를 달이며 「육우가 차를 좋아한 것도 별 것 아니구나」라고 읊었다. 또 그는 차를 끓여 마시니 편견이 없어지고 마음이 밝고 맑아 생각에 그릇됨이 없다 [皎皎思無邪]고 했으며, 영아차의 맛은 그 자체가 참되다(靈芽味自眞)고 하였다. 가루차를 점다하여 마시고 차가 뼈 속까지 스며들어 모여 있는 삿된 기운을 모두 없애준다고 하였으니 그의 다생활은 정도(正道)나 참됨을 지키는 것[守眞]임을 짐작할 수 있다.

(8) 정몽주(鄭夢周, 1337~1392)

호는 포은(圃隱)이며 고려말의 충신이자 유학자로서 24살 때 삼장(三場 : 初試, 覆試, 殿試)에 거듭 장원급제 하였다. 개성에 오부학당(五部學堂)과 지방에 향교를 세워 유학의 진흥을 꾀하여 부패한 불교의 폐단을 없애고자 하였고, 명나라와의 외교에 힘쓰다가 한때 유배생활도 하였다.

성미가 호방하고 매서웠으며 충효로 일관하였고, 그의 시문(詩

文)도 일가(一家)를 이루어 『포은문집(圃隱文集)』이 전해진다. 이성계의 문병을 갔다가 이방원이 부른<하여가(何如歌)>에 대해 <단심가(丹心歌)>로 답하고 돌아오는 길에 개성에 있는 선죽교에서 이방원이 보낸 자객에게 피살되었다.

(9) 길재(吉再, 1353~1419)

호는 야은(冶隱)으로 이색, 정몽주, 권근으로부터 성리학을 배우고 성균관 박사가 되어 국자감(國字監)의 학생들과 양가(良家)의 자제들을 교육하였다. 김숙자(金叔滋)에게 성리학을 가르쳐 김종직, 김굉필, 조광조로 하여금 학통을 잇게 하였다. 이방원이 높은 벼슬을 주었으나 두 임금을 섬길 수 없다 하여 끝내 나가지 않았다.

(10)이숭인(李崇仁, 1347~1392)

대학자이며 문장가로 호는 도은(陶隱)이다. 공민왕때 문과에 장원이 되었고, 성균사성(成均司成)이 되어 정몽주와 함께 고려실록을 편수하였다.

이숭인이 정도전, 권근과 모여 평소에 가장 즐거웠던 일을 이야기하는 내용중에, 이숭인은 「산방(山房) 고요한 집 밝은 창 아래 깨끗한 책상에서 향을 사르고 중과 마주 앉아 차를 달이며 시를 답하여 짓는 것이 가장 즐거운 일이오」라고 한 반면에 정도전은 「겨울 첫 눈이 내릴 때 몰고 매를 데리고 사냥하는 일」이라고 하여 두 사람은 정치 역정만큼 대조적이었다. 그는 정도전에게 송악산 바위에서 솟아나는 샘물 한 병과 차 한 봉을 보냈지만 정도전이 보낸 자객에게 살해되었다. 이숭인은 많은 다시를 남겼으며 『도은문집』이 있다.

3. 조선시대

(1) 하연(河演 1376 ~ 1453)

조선의 정치가 . 자는 연양, 호는 경재(敬齋), 시호는 문효(文孝), 본관은 진주, 부윤(府尹) 자종(自宗)의 아들. 1396년(태조 5)에 문과에 급제, 예문관 대제학(藝文館大提學)을 거쳐 영의정에 오름. 예조참판으로 있을 때 조계 칠종을 선교 양종으로 개혁하고, 절의 토지를 양감하였다. 품성이 강직하고 단아하며 문장도 훌륭하였고 고학(古學)을 좋아 하였다. 수.부.복 (壽.富.福)을 구비한 재상으로 아들 3형제가 있다.

(2) 김종직(金宗直, 1431~1492)

성리학자이자 문신으로 호는 점필재(佔畢齋)이다. 야은(冶隱)의 학통을 이어받아 문장과 경술(經術)에 뛰어나 영남학파의 종조(宗祖)가 되었고,형조판서 지중추부사(知中樞府事)까지 지낸 그는 성품이 강직하였다. 그의 문하생인 유호인(兪好仁), 남효온(南孝溫), 조위(曺偉), 정희량(鄭希良), 이목(李穆) 등도 다인이었다. 저서로는 『점필재집』『유두유록(流頭遊錄)』『청구풍아(靑丘風雅)』등이 있다.

그가 함양 군수로 있을 때 백성들의 다세를 덜어주기 위해 관영차밭을 만들었다.

(3) 김시습(金時習, 1435~1493)

학자이고 생육신(生六臣)의 한 사람으로 호는 매월당(梅月堂)이다. 수양대군이 세종의 장손인 단종을 내몰고 왕위에 올랐다는 소식을 듣고 통분하여 책을 태워 버리고 중이 되어 이름을 설잠(雪岑)이라 하였다. 경주 남산의 금오산실(金鰲山室)에서 한국 최초의 한문소설인 금오신화(金鰲神話)를 지었고, 47살에 환속하였으나 2년 후 다시 방랑하다가 무량사에서 생애를 끝마쳤다.

그는 수련적인 도교를 크게 중흥시켰으며 그의 도맥(道脈)은 다인인 정희량(鄭希良)이 이어 받았다. 매월당집이 있으며 80여 수나 되는 많은 다시가 전해진다. 그의 <차나무 기르기(養茶)>라는 시에서는 울타리를 엮어 해가림 재배를 해서 맛이 좋은 고급차를 키웠고, 색과 향기가 좋으면 될 터인데 관가에서는 창(槍:제일 어린 뾰족한 싹)과 기(旗:오그라진 어린 잎)만을 취함을 안타깝게 생각했다. 그는 손수 차를 끓여 부처님께 올리고 예배하였으며 때로는 돌솥에 말차를 끓여 마셨다.

(4) 이목(李穆, 1471~1498)

호는 한재(寒齋)로 도학자(道學者)요 문인이었다. 19세에 진사에 합격하여 성균관 유생이 되었고 25세에 중광문과(增廣文科)에 장원하고 이어 영안도평사(永安道評事)가 되었다. 곧고 강직한 성품을 지녔으며 무오사화 때 윤필상의 모함으로 사형되었다. 저서로는 『이평사집(李評事集)』이 있다.

그는 1,323자의 다부(茶賦)를 지어 차의 현묘함을 노래하였다. 차는 일생동안 즐겨 맛보아도 싫증이 나지 않는 것은 그 성품 때문이다.라고 시작된 다부에는 <차 이름과 산지> <차나무의 생육환경과 예찬> <차달여 마시기> <일곱 잔 차의 효능> <차의 다섯가지 공로(五功)> <차의 여섯가지 덕성(六德)>을 열거하였다.

■ 차의 다섯가지 공

① 책을 볼 때 갈증을 없애준다.
② 울분을 풀어준다.
③ 손님과 주인의 정을 화합하게 한다.
④ 뱃속 기생충으로 인한 고통을 없앤다.
⑤ 취한 술을 깨게 한다.

■ 차의 여섯가지 덕

① 오래 살게 한다.
② 병을 낫게 한다.
③ 기운을 맑게 한다.
④ 마음을 편하게 한다.
⑤ 신선과 같게 한다.
⑥ 예의롭게 한다.

(5) 서산대사 휴정(西山大師 休靜) (1520~1604)

조선 중기의 고승이자 승군장(僧軍將). 완산 최씨. 이름은 여신(汝信), 아명은 운학(雲鶴), 자는 현응(玄應), 호는 청허(淸虛). 별호는 백화도인 (白華道人) 또는 서산대사 · 풍악산인(楓岳山人) · 두류산인(頭流山人) · 묘향산인(妙香山人) · 조계퇴은(曹溪退隱) · 병로(病老). 법명이 휴정이다. 평안도 안주출신. 아버지는 세창(世昌)이며, 어머니는 김씨이다.

어려서 아이들과 놀 때에도 남다른 바가 있어 돌을 세워 부처라하고, 모래를 쌓아 올려놓고 탑이라 하며 놀았다. 9세에 어머니가 죽고 이듬해 아버지가 죽게 되자 안주목사 이사증 (李思曾)을 따라 서울로 옮겨 성균관에서 3년동안 글과 무예를 익혔다. 과거를 보았으나 뜻대로 되지 않아 친구들과 같이 지리산의 화엄동 (華嚴洞)·칠불동(七佛洞) 등을 구경하면서 여러 사찰에 기거하던 중, 영관대사(靈觀大師)의 설법을 듣고 불법(佛法)을 연구하였다.

1592년 임진왜란이 일어나자 전국에 격문을 돌려서 각처의 승려들이 구국에 앞장서도록 하였다. 휴정의 선교관 (禪敎觀)에서 대표할 수 있는 것은, “선은 부처님의 마음이고 교는 부처님의 말씀이다 (禪是佛心 敎是佛語).”라고 한 것 에서 찾을 수 있다. 이와같은 정의는 ‘사람은 누구에게나 불성이 있기(一切 衆生悉有佛性)’ 때문에 누구나 닦으면 성불(成佛)할 수 있다고 하는 성도문(成 道門)에 입각하고 있다.

휴정의 선교관은 선이 주(主)가 되고 교는 종(從)이 되어, 깨달음에로 나아간다고 보았고, 선을 교보다 우위 에 두고 있다. 또한, 선교의 관계에 대하여 교는 부처의 가르침으로 먼저 모 든 법을 가려서 보이고 다음에 공(空)의 이치를 가르친 것인데, 이 공의 이치에 곧바로 들어가서 체득하는 것이 선이며, 특히 조사선(祖師禪)은 그 자취가 뜻의 자리에서 끊어지고 이치가 마음의 근원에서 이루어진 것이라고 하였다. 그는 선조로부터 '국일도 대선사 선교도총섭 부종수교 보제등계존자(國一都 大禪師 禪敎都摠攝 扶宗樹敎 普濟登階尊者)'라는 최고의 존칭을 하사받고, 여 러 곳을 순련하다가 1604년 1월 묘향산 원적암(圓寂庵)에서 나이 85세, 법랍 67세로 입적하였다. 입적한 뒤 21일 동안 방 안에서는 기이한 향기가 가득하 였다고 한다. 저서로는 <청허당집>4권 2책, <심법요초(心法要抄)>·<선교결 (禪敎訣)> 등이 있다.

(6) 사명대사 유정(四溟大師 惟政) (1544~1610)

조선 중기의 고승. 풍천 임씨. 속명은 응규(應奎). 자는 이환(離幻), 호는 사명 당(四溟堂). 또는 송운(松雲), 별호는 종봉(鍾峯). 경상남도 밀양출신. 수성(守 成)의 아들이다. 1558년(명종 13)에 어머니가 죽고, 1559년에 아버지가 죽자 김천 직지사(直指寺)로 출가하여 신묵(信默)의 제자가 되었다. 그뒤 직지사의 주지를 지냈으며, 1575년(선조 8) 선종의 중망(衆望)에 의하여 선종수사찰(禪 宗首寺刹)인 봉은사(奉恩寺)의 주지로 천거되었으나 사양하고, 묘향산 보현사 (普賢寺)의 휴정(休靜)을 찾아가서 선리(禪理)를 참구하였다.

임진왜란 때 스승 휴정 서산대사와 함께 큰 공을 세우자 선조는 그의 전공을 포상하여 선교양종판사(禪教兩宗判事)를 세수하였다. 그 뒤 네 차례에 걸쳐 적진에 들어가서 가토(加藤淸正)와 회담을 갖고, 특히 2차의 적진 담판을 마치고 돌 아와 선조에게 그 전말과 적정을 알리는 <토적보민사소(討賊保民事疏)>를 올렸는데, 이 상소문은 문장이 웅려하고 그 논조가 정연하여 보민토적(保民 討賊)의 이론을 전개함은 물론, 그 실천방도를 제시하였다.

1604년 2월 오대산에서 스승 휴정의 부음을 받고 묘향산으로 가던 중 선조의 부름을 받고 조정으로 가서 일본과의 강화를 위한 사신으로 임명받았다. 1604년 8월 일본으로 가서 8개월 동안 노력하여 성공적인 외교성과를 거두었고, 전란 때 잡혀간 3, 000 여명의 동포를 데리고 1605년 4월에 귀국하였다. 그해 6월 국왕에게 복명하고 10월에 묘향산에 들어가 비로소 휴정의 영전에 절하였다. 그뒤 병을 얻어 해인사에서 요양하다가 1610년 8월 26일 설법하고 결가부좌한 채 입적하였 다. 제자들이 다비하여 홍제암(弘濟庵) 옆에 부도와 비를 세웠다.

저서로는 문집인 <사명당대사집>7권과 <분충서난록(奮忠서難錄)>1권 등이 있다.

(7) 영수합 서씨(令壽閤徐氏, 1753~1823)

영수합 서씨는 정조의 사위인 홍현주(洪顯周, 1793~1865)의 어머니이다. 해거(海居) 홍현주는 초의에게 다도(茶道)를 알고자 하여 동다송을 집필하는 동기를 만들었으며, 성리학에 정통한 문장가 홍석주(洪奭周)는 서씨의 맏아들이고 홍현주는 셋째 아들이다.

서씨는 관찰사 서형수(徐逈修)의 딸로 태어나 뒷날 우부승지(右副承旨)를 지낸 홍인모(洪仁模)와 결혼하여 3남 2녀를 두었다. 서씨는 나이가 들어서 시를 쓰기 시작하여 200편에 가까운 시를 남길 정도로 대시인이었다. 여성으로서의 그의 시세계는 단아하면서도 세속을 벗어나 선비적 기풍이 보인다. 서씨의 집안은 모두가 시인이고 다인이었다. 홍현주의 시집에 초의가 발문을 썼으며, 그의 딸 홍원주(洪原周)도 다시를 포함하여 200편이 넘는 시를 남겼다. 서씨는 자녀들에게 검소함을 엄격하게 가르치고, 때로는 온가족이 둘러앉아 함께 술과 차를 즐기며 시 짓는 자리를 마련하는 무척 관대한 어머니였다. 여자들에게는 독서도 허용하지 않았던 당시의 경직된 사회여건으로 볼 때 서씨는 선구자적 인품이었으며, 차를 무척 즐겼고 거문고도 즐겨 탔다.

(8) 다산 정약용(1762-1782)

다산은 1762년 현재 경기도 남양주시 조안면 능내리 당시 광주군 초부면 마현리에서 태어났다. 아버지는 진주목사를 지낸 정재원(1730-1792)이며, 어머니는 해남윤씨로 조선시대 유명한 서화가인 공제 윤두서의 손녀였다. 다산의 자는 미용, 용보, 귀농이고 호는 삼미자, 사암열수, 다산, 자하도인 태수 문암일인 등이며 당호는 여유당이다.

다산은 22세 때(1783) 진사시험에 합격하여 성균관에 들어갔다. 이때 당시의 임금인 정조의 눈에 뛰어 인정받게 되는데 그것은 그의 뛰어난 재능과 학문 때문이었다. 다산은 성균관 생활이 끝날 때까지 여러 차례 시험을 통해 정조의 총애를 받았다.

천주교와 만남은 그의 삶에 큰 비난을 가져다 주었다. 그는 23세때 천주교를 처음으로 접했다. 이후 그는 한때 천주교 서적을 읽고 심취하기도 하였으나 성균관에서 학업에 정진하느라고 곧 손을 떼었다. 그는 천주교 신앙과 서양과학을 통해 새로운 세계를 체험하기도 하였으니 또한 갖은 시련과 좌절을 맛보기도 하였다.

정조가 서거하고 순조가 즉위하면서 다산의 생애 최대의 전환기를 맞는다. 소론과 남인 사이의 당쟁이 신유사옥이라는 천주교 탄압사건으로 비화하면서 다산은 천주교인으로 지목받아 유배형을 받게 된다. 이때 다산의 셋째형 정약종은 옥사하고 둘째형 정약전은 신지도로 다산은 경상도 장기로 유배되었다. 곧 황사영의 백서사건이 일어나서 서울로 다시 불려와 조사를 받고 정약전은 흑산도로 정약용은 강진으로 옮겨지게 되었다.

강진에서의 유배기간은 다산에게는 고통의 세월이었지만 학문적으로는 매우 알찬 결실을 얻은 수확기였다. 5백여권에 달하는 그의 저서 대부분이 유배지에서 이루어졌으니 18년 동안에 걸친 강진 유배기는 저술 작업기간이었다고 할 만하다. 특히 이 시기의 경세학과 더불어 다산사상의 도축을 이루는 경학에 대한 집중적인 연구가 이루어졌다. 그는 유배지에서도 제자들을 모아 교육하였으며, 이들 제자들은 또한 다산 저술작업에 참여하기도 하였다. 유배지의 제자들로는 이청 · 황상 · 이강회 · 이기로 · 정수칠 · 윤종문 등을 들 수 있다.

이 시기는 유배지에서 쇠약해진 심신을 추스리며 자신의 생애와 학문을 정리한 기간이라고 할 수 있다, 다산은 고향으로 돌아온 지 18년 만에 75세의 일기로 숨을 거두었다.

(9) 추사 김정희 (秋史 金正喜 1786-1856)

본관은 경주(慶州), 자는 원춘(元春), 호는 추사(秋史) · 완당(阮堂) · 승련(勝蓮) 이외에 예당(禮堂) · 시암(詩庵) · 노과(老果) 등 헤아릴 수 없이 많다. 조선 후기의 문신 · 서예가 · 금석학자이다.

영조의 장녀 화순옹주(和順翁主)와 결혼한 월성위(月城尉) 김한신(金漢藎)의 증손으로, 이조 판서 김노경(金魯敬)과 기계 유씨(杞溪兪氏) 유준주(兪駿柱)의 딸 사이의 장남으로 충청도 예산에서 태어났다. 백부 김노영(金魯永)이 후사가 없어 큰집으로 출계(出系)하였고, 뒤에 백부와 조부의 연이은 사망으로 12세의 어린 나이에 적선방(積善坊)에 있던 월성위궁(月城尉宮 : 지금의 종로구 통의동 7번지)의 주인이 되어 가문을 지켰다. 이즈음 선친과 교분이 있던 박제가(朴齊家)로부터 학문적 교도를 받았는데, 박제가는 당시로서는 진보적 학자로 청조문화에 조예가 깊었으므로 장차 김정희의 학문세계를 발양하는데 중요한 역할을 하였다.

교우관계로 30세에 만나 평생지기로 교분을 나눈 동갑나기 초의선사(草衣禪師)가 있으며, 당대 권문세가의 자제로서 세상의 촉망을 받던 김재원(金在元) · 김경연(金敬淵) · 권돈인(權敦仁) · 조인영(趙寅永) 등이 있다. 특히 초의가 서울에 오면 항상 청량사(淸凉寺)에 머물면서 추사집안의 검호(黔湖)별장에 초대되어 이들과 함께 시문과 다서(茶書)로 아집(雅集)의 즐거움을 누렸다 한다.

김정희의 학문과 예술은 경학(經學)은 물론 사학(史學) 및 불교(佛敎)를 비롯한 제자백가(諸子百家)와 천문 · 지리 · 음운 · 산술에까지 박통하였으며, 시문과 서화에 능하고 금석고증과 서화골동의 감식에도 뛰어났다. 또한 불교서적을 섭렵하고 선리(禪理)를 궁구하기도 하였는데, 당시 불교계를 대표하던 백파률사(白坡律師) 긍선(亘璇)과의 토론과 초의선사와의 두터운 교우, 그리고 적지 않은 그의 불교관계 저술이 이를 말해주고 있다.

그의 필적은 곳곳에 남아 전하는데, 서울 봉은사의 대웅전과 경판전 편액글씨는 추사 말년의 글씨로 유명하며, 그림으로 〈세한도(歲寒圖)〉 · 〈부작란도(不作蘭圖)〉 등이 있다. 저작집으로 《완당선생전집(阮堂先生全集)》 10권이 있다.

(10) 초의선사

조선 후기의 대선사(大禪師)이자 차도(茶道)의 정립자. 속명은 장의순. 자는 중부(中孚), 호는 초의(草衣), 당호는 일지암(一枝庵). 무안출신. 15세 때에 강 변에서 놀다가 탁류에 떨어져 죽을 고비에

다다랐을 때 부근에 있던 승려가 건져주어 살게 되었다. 그 승려가 출가할 것을 권하여 16세 때 남평 운흥사 (雲興寺)에서 민성(敏聖)을 은사로 삼아 득도하고, 대흥사(大興寺)에서 민호(玟虎)에게 구족계를 받았다. 22세 때부터 전국의 선지식(善知識)들을 찾아가 삼장(三藏)을 배워서 통달하였을 뿐 아니라, 대오(大悟)하여 유일(有一)의 선지(禪旨)를 이어받았다.

모든 것을 구비한 인간이 될 것을 주장하면서 <동다송(東茶頌)>을 제작하여 다생활의 멋을 설명하였고, 범패와 원예 및 서예에도 능하였으며, 장 담그는 법, 화초 기르는 법, 단방약 등에도 능하였다.

그의 사상은 선사상(禪思想)과 다선일미사상(茶禪一味思想)으로 집약된다. 선사상은 저서 인 <선문사변만어(禪門四辨漫語)>에 잘 나타나 있다.<선문사변만어>는 당 대의 유명한 대선사 백파(白坡)가 <선문수경(禪門手鏡)>이라는 저술을 바표 하자 의순이 선배 백파의 잘못을 하나하나 변등하기 위하여 저술한 것이다.

그의 다선일미사상은 차와 선이 서로 별개의 것이 아니라는 데에서 시작된다. 의순은 차를 마시되 '법희선열식(法喜禪悅食)'하여야 한다고 강조하였다. 한잔의 차를 통하여 법희선열을 맛본다고 한 것은 바로 차선일미사상을 엿보게 하는 것이다. 그는 차의 성품이 사됨이 없어서 어떠한 욕심에도 사로잡히 지 않는 것이라고 보았고, 때묻지 않은 본래의 원천과도 같은 것이라고 하여 무착바라밀(無着波羅蜜)이라고도 하였다.

그리하여 초의는 "차의 진예없는 정기 를 마시거늘 어찌 큰 도를 이룰 날이 멀다고만 하겠는가(塵穢除盡精氣入大道得成何遠哉)!" 라고 하였다. 의순의 다도는 불을 피우고 물을 끓이며, 그 잘 끓은 물과 좋은 차를 적절히 조합하여 마시는 평범하고 일상적인 생활이었다. 그의 생애는 오로지 좌선하는 일에만 머물러 있지 않고 일상생활 속에서 멋을 찾고 불법(佛法)을 구하고자 노력하는 데에 있었다. 그러므로 그는 언제 나 '제법불이(諸法不二)'를 강조하였다. 그에게는 차와 선이 별개의 둘이 아 니고, 시와 그림이 둘이 아니며, 시와 선이 둘이 아니었다.

1866년 나이 80세, 법랍 65세로 입적하였다. 평범한 일생을 통하여 선(禪)과 교(敎)의 한쪽에 국집함이 없이 수도하고 중생을 제도하였으며, 이상적 불교인으로 존경한 인물 은 진묵(震默)이었다. 그는 또한 대흥사 13대종사 중 13번째 대종사이기도 하다.

열째 마당

외국의 차문화

제1절 중국의 차문화

중국은 넓은 만큼 차를 마시는 풍습도 다양하다. 일반적으로 변방의 소수 민족들은 버터나 소금을 타서 마시며 한족(漢族)은 차에 다른 것을 넣지 않고 그대로 끓여 마신다. 같은 한족이라도 지역에 따라서 마시는 차가 달라 복건성(福建省)과 광동성(廣東省)은 우롱차, 양자강 이남 지역은 녹차나 홍차, 산동성(山東省) 이북에서는 쟈스민차, 티벳 등 서쪽지역은 떡차나 벽돌차를 즐겨 마신다.

기름기가 많은 광동 요리에는 차가 필수품이다. 또한 얌차라고 해서 차를 마시면서 만두나 튀김을 먹는 대중적인 음식이 있다.

중국 운남지방의 차 차의 원산지인 운남(雲南)지방에는 여러 소수민족들이 살고 있다. 차를 처음 마신 지역으로 생각되는만큼 독특하게 차를 마시는 방법들이 많은데 대표적인 것으로는 염파차(鹽巴茶)와 용호투차(龍虎鬪茶)가 있다. 염파차(鹽巴茶)는 작은 토기 그릇에 차 덩어리를 부수어 넣고 구운 후 다시 소금과 물을 붓고 끓인 것이다. 보통 옥수수떡을 함께 먹는다. 용호투차(龍虎鬪茶)는 진하게 우려낸 차를 알콜도수가 높은 술이 담긴 술잔에 부으면 마치 용과 호랑이가 서로 싸우는 듯한 형상을 보이는 데에서 이름이 붙은 차이다.

제2절 일본의 차문화

우리나라에도 다도(茶道)가 있지만 다도 하면 보통 일본의 다도를 연상하는데 이는 일단 차를 마시는 사람이 많고 또 엄격하고 절도있게 마시는 모습이 매우 인상깊기 때문이다. 이러한 일본의 다도는 전국시대(토요토미 히데요시 등이 활약했던 시대)에 형성되었다. 이 어지러운 시대에 일본 무사들의 안식처는 다실이었다.

내일 일을 알 수 없고 하극상이 밥먹듯이 일어나는 혼란스러운 시대에 무사들은 항상 긴장에서 벗어나지 못했다. 그러나 무기를 다실 밖에 걸어두고 다실 안에 들어오면 주인이 만들어 준 차를 마시면서 이야기하거나 꽃꽂이나 벽에 걸린 그림, 글씨 등을 감상하면서 어지러운 세상에서 벗어나 잠시나마 마음의 평화를 얻을 수 있었다.

이런 연유에 따라서 일본의 다도는 대단히 엄격하게 되었다. 일본인의 일인당 연간 차 소비량은 홍차는 0.1 kg, 녹차와 우롱차 등 다른 차까지 합하면 약 1 kg 정도가 된다.

① 센차(煎茶, sencha)

대표적인 일본차로 증제차(찐차)이다.. 일본 녹차의 대부분(약 80%)이 센차이다.

② 교꾸로(玉露, gyokuro)

그늘에서 비료를 많이 주면서 키운 고급 녹차이다. 비싸기도 하고 맛과 향이 강해서 자주 마시지 못한다.

③ 맛차(抹茶, maccha)

교꾸로 처럼 그늘에서 키운 차를 가루로 만든 것이다. 맛차를 마시면 찻잎까지 같이 먹게 된다.

④ 반차(番茶, bancha)

오래된 큰 찻잎으로 만든 차이며 현재는 중저급품의 차다.

⑤ 호우지차(houjicha)

반차(番茶)를 덖어서 만든 차로서 카페인이나 폴리페놀 등 자극물질이 적고 맛이 시원하므로 병약한 환자나 어린이들에게도 권할 수 있는 차다.

⑥ 메차(芽茶, mecha)

센차(煎茶)나 교꾸로(玉露)를 만들면서 새 눈(芽) 을 추려서 만든 차다. 맛과 향이 강하며 카페인 등 자극성분도 많다.

⑦ 쿠키차(莖茶, kukicha)

줄기(莖) 부분을 추려서 만든 차다.

⑧ 현미차(玄米茶, genmaicha)

센차(煎茶)나 반차(番茶)에 볶은 현미를 섞은 차다.

제3절 인도의 차문화

인도는 세계 최대의 차 생산국이자 소비국이다. 영국에 의하여 차 재배가 시작되어서 처음에는 거의 대부분 영국으로 수출하였지만 인도인들도 차를 마시게 되자 국내 소비량이 수출량보다 훨씬 많게 되었다. 인도식 차는 밀크티이며 이를 '차이'(chai) 라고 한다. 길거리에서 냄비로 차이를 끓여서 파는 광경을 흔히 볼 수 있다.

냄비에 물을 끓이고 찻잎을 넣고 나서 다시 같은 양의 우유를 붓고 끓인 후 거르면 차이가 된다. 커리(curry)의 나라답게 여러가지 스파이스(향신료)를 넣고 마시기도 한다.

제4절 몽고와 티벳의 차문화

몽고인은 유목민족으로. 춥고 건조한 풀밭에서 가축을 몰고 다니며 생활하기에 먹는 음식은 거의 고기나 유제품이다. 과일이나 야채는 거의 먹지 못하므로 생존을 위해 부족한 비타민이나 미네랄을 대신 차에서 보충하므로 이들에게 차는 매우 중요하다. 그러므로 차를 워낙 많이 마시므로 일인당 연간 차 소비량은 영국의 약 4배인 9kg나 된다.

몽고인들은 삼차일반(三茶一飯)이라고 해서 하루 세 번 차를 마시고 저녁에 집에서 한 번 식사를 한다. 차는 밀크티이며 볶은 쌀이나 치즈, 밀가루 튀김 등을 같이 먹는다.

티벳 지방도 몽고와 마찬가지로 춥고 건조한 고원지대이며 음식도 대부분 육류이다. 따라서 차가 매우 중요하며 '하루 양식은 없어도 되지만 차 없이는 못산다' 라는 말을 할 정도로 많이 마신다. 실제 연간 일인당 차 소비량도 대표적인 차 소비국인 영국보다 5배나 많은 15kg 정도이다. 매일 20잔 정도 차를 마시므로 우리나라 사람이 보면 모두들 차 귀신인 것처럼 보인다.

티벳의 대표적인 차는 수유차(酥油茶)다. 당나라의 문성공주가 티벳 왕에게 시집와서 손님 접대용으로 만들기 시작한 차라고 전해진다. 찻잎(주로 떡차 등 덩어리차)을 주전자에 넣고 끓인 후에 버터, 소금, 참깨, 땅콩, 수박씨, 잣, 호두 등 재료를 넣은 긴 나무통에 찻물을 붓고 막대기로 잘 섞어서 만든다.

제5절 영국과 미국의 차문화

1. 영국의 차문화

영국인은 차를 받아들인 시기는 비교적 늦었지만 훌륭한 차 문화를 꽃피웠다. 영국에는 애프터눈 티라고 하여 매일 오후 4~5시경 차 마시는 시간이 있다.

홍차를 중심으로 하여 캔디 · 케이크 · 비스킷류가 나오고 토스트에 마멀레이드 기타 여러 가지 잼류와 같이 드는 것으로, 가벼운 식사라고도 할 만하다. 그리고 끓이는 방법에는 엄중한 규칙이 있으며 일종의 의례화되어 있다.

용기는 보통 도자기제의 포트로 잘 데우는데 특히 안쪽에 물이 묻지 않도록 끓는 물 속에서 포트의 외면만을 데워 거기에 홍차를 넣습니다. 분량은 1인분에 티스푼으로 수북이 하나 넣고, 거기에 포트분으로 하나를 더 넣는다. 다음에 끓는 물을 넣고 뚜껑을 닫은 후 2~3분 그대로 뜸을 들이는데 너무 오래도 안 되고 짧아도 안된다.

우유를 먼저 컵에 따른 다음 홍차를 따르는 식과, 홍차를 먼저 부어 놓고 우유를 치는 2가지 방법이 있는데, 영국에서는 전자가 중산계급 이하의 풍습이고 후자가 상류사회의 격식으로 알려져 있다. 영국의 홍차 소비량은 한때는 일인당 연간 4.5 kg 에 이르렀으나 현재는 많이 줄어서 2.6 kg정도이다. 그러나 이것만으로도 80%의 영국인이 매일 홍차 5, 6잔을 마시는 양이다.

차를 마시는 시간만으로도 다음과 같이 다양한 차가 있다.

① Early tea(Bed tea)

아침에 잠자리에서 마시는 차다. 영국에서는 남편이 부인에게 만들어 주는 것으로 되어 있고 이것으로 애정의 정도를 가늠한다고 한다.

② Breakfast

아침식사와 같이 마시는 차다. 영국식 아침식사는 홍차와 토스트, 달걀, 베이컨, 과일 등이다. 차가운 우유를 마시는 것은 미국식이다.

③ Elevenses

오전 동안에 바쁘게 일하는 도중에 잠시 쉬면서 마시는 차다. 간단하게 15분 정도에 차를 마신다. 옛날에는 회사에 이를 전문으로 하는 tea lady가 있어서 왜건으로 차 서비스를 받았다.

④ Middy tea break

오후에 간식을 먹으며서 마시는 차다.

⑤ Afternoon tea

사교를 목적으로 하는 특별한 Middy tea break이며 주로 휴일 오후 4 시경에 한다. 멋있게 자리를 마련하고 샌드위치, 스콘, 케이크 등을 준비한다. 19세기 중엽에 영국의 베드포드 백작부인이 배고픔을 참지 못하고(당시 영국인들은 점심을 먹지 않았다) 오후에 차와 과자를 준비하고 친구들을 부른 것이 시초라고 전한다. 이후에 영국에서는 '오후에 차 마시러 오세요' 하면 친구가 되자는 뜻이 되었다.

⑥ High tea(Meat tea)

원래는 영국의 노동자들이 일을 마치고 집에 돌아와서 오후 6

시경에 고기나 샌드위치 등의 식사와 같이 마시는 차다. High는 high part of afternoon 에서 유래되었다고도 하고 어린이용 의자인 high back chair 에서 유래되었다고도 한다. Meat tea라고도 부릅니다. Low tea는 상류 계층에서 이른 오후(low part of afternoon)에 이야기를 나누면서 차와 가벼운 음식을 드는 것을 가리켰다.

⑦ After dinner tea

저녁식사를 마치고 느긋할 때 마시는 차다. 초콜릿 등 단 과자와 같이 마시기는 경우가 많고 위스키나 브랜디를 타서 마시기도 한다.

⑧ Night tea

잠자리에 들기 전에 마시는 차다.

2. 미국의 차문화

미국은 식민지 시절에는 차에 부과되는 세금에 반발해서 차 상자를 바다에 집어던지기도 하였지만 차의 발전에 중요한 공헌을 한 나라이다. 티백(tea bag)과 아이스 티(ice tea)를 처음 만들었으며 차 무역에 혁명을 일으킨 tea clipper(고속범선)도 미국에서 처음 만들었다.

다른 나라에서는 뜨거운 차를 마시지만 미국에서는 아이스 티가 많다. 아이스 티의 발상국이기 때문인지 차의 70%가 아이스 티이다. 시원한 아이스 티에는 으레 레몬을 넣어서 상쾌한 맛을 내곤 하는데 이 때문인지 뜨거운 차에도 레몬을 넣는다. 우리나라에서 홍차하면 레몬 티를 연상하는 것은 이러한 미국의 영향에 의한 것이다.

제6절 기타 나라의 차문화

1. 러시아

러시아에는 17세기에 중국에서 차가 전래되었으며 영국처럼 러시아도 중국에서 대량의 차를 수입하였다. 러시아같이 추운 나라에는 차가 이상적인 음료였다. 러시아는 영국과 달리 바다가 아닌 육지로 중국과 이어져 있으므로 배 대신 수 백마리의 낙타떼를 모는 캐러반(caravan, 隊商)이 차를 운반하였다.

러시아 차 문화의 상징은 사모바르(samovar)이다. 이는 티벳 지방의 찻주전자에서 유래된 것으로서 작은 난로 위에 물통과 찻주전자가 올라가 있는 모양으로 우아한 장식이 많다.

춥고 건조한 러시아에서 사모바르는 방 안을 덥히는 난방기구일 뿐 아니라 건조함을 막는 가습기이기도 하며 또한 뜨거운 차를 계속 마실 수 있는 tea server의 역할을 한다. 러시아식 차는 진하게 타고 설탕이나 꿀, 잼을 넣어서 달게 마신다. 러시아의 2대 국민적 음료는 러시아식 차와 보드카라고 할 수 있다.

2. 터어키

터어키도 주요 홍차소비국 중의 하나이며 일인당 연간소비량은 2kg에 달한다. 차도 재배하나 거의 모두 국내용으로 소비되므로 외국인이 맛볼 기회는 매우 적다. 터어키어로 차는 '차이'(chay) 라고 하며 일단 진하게 차를 쫄이듯이 끓여낸 다음 다시 뜨거운 물로 희석해서 마시는 것이 특징이다. 밀크 등은 타지 않고 설탕만을 넣고 '차이벨덕'이라는 작은 호리병 모양의 유리잔에 넣어서 마신다.

터어키 하면 이전에는 커피로 유명했지만 현재는 커피는 별로 마시지 않고 주로 홍차를 마신다. 터어키 뿐 아니라 중근동과 북아프리카의 여러 나라들도 차를 많이 마신다. 흑해와 지중해를 잇는 보스포루스 해협은 유럽과 아시아의 접점, 기독교 세력과 이슬람 세력의 접점이었으며 또한 커피 문화와 홍차 문화가 함께 들어온 곳이다. 한때는 커피가 이슬람 세력의 승리의 상징으로 간주되기도 하였지만 오늘날 그 후손들은 주로 차를 마신다.

茶 神 傳

艸衣 意恂 著述

採茶論 抄出萬寶全書.

만보전서(中國의 百科辭典,백과사전)에서 가려냄.

1. 採茶(채다) : 차를 따는 일.

(1) 차나무에서 차 잎사귀를 따는 것은 그 시기가 중요한 것이다. 너무 빠르면 향기가 온전하지 못하고, 늦으면 싱그러운 맛을 잃는 것이다. 곡우 5일 전이 제일 좋고, 곡우 5일 후가 그 다음이고, 다시 5일 후가 다음이 된다.

(2) 차는 자줏빛 나는 것이 최상품이며, 쭈글쭈글한 것이 다음이고, 돌돌 말린 것이 그 다음이고, 광택이 나며 솜대처럼 생긴 것이 하품이다.

(3) 차는 밤새 구름이 끼지 않고 이슬이 내린 후에 딴 것이 최상품이 고 한낮에 딴 것이 다음이며 음산한 장마에 딴 것은 좋

지 않다. 차는 또 계곡에서 자란 것이 제일 좋고 대밭 밑에서 자란 것이 그 다음이며 암석 사이에서 자란 것이 그 다음이고 황토에서 자란 것이 그 다음이 된다.

原文 採茶論

抄出萬寶全書 採茶之候貴 及其時太早則香不全 遲則神散 以穀雨前
초출만보전서 채다지후귀 급기시태조칙향불전 지칙신산 이곡우전
五日爲上 後五日次之 再五日又次之 茶非紫者爲上 而皺者次之 團葉
오일위상 후오일차지 재오일우차지 다비자자위상 이추자차지 단엽
者次之 光而如篠葉者最下 徹夜無雲浥采者爲上 日中采者次之 陰雨下
자차지 광이여소엽자최하 철야무운읍채자위상 일중채자차지 음우하
不宜采産 谷中者爲上 竹林下者次之 爛中石者又次之 黃砂中又次之
불의채산 곡중자위상 죽림하자차지 난중석자우차지 황사중우차지

2. 造 茶(조다):차를 만드는 일.

(1) 새로 딴 차는 시든 잎사귀와 줄기와 부스러기 따위를 골라낸 다음 폭 2자 4치 가량의 솥에 1근 반을 넣고 불에 쬐어 말린다.
(2) 솥이 매우 더웠을 때 차를 넣고 급하게 말려야 하며 도중에 화력을 낮춰서는 안된다. 충분히 마른 다음 불을 꺼내서 약간 식힌 다음 체에 담아 가볍게 몇 번 흔들어 먼지나 흙 따위를

틀고 나서 다시 솥에 넣고, 불을 점점 줄이면서 적당하게 말리는 것이다.

(3) 그러나 그 '적당히'라는 것이 매우 현미(玄微)하여 말로서 형언(形言)하기가 어렵다. 잘 말린 차는 색과 향기(香氣)가 곱다. 현미하고 싱그러운 정도를 더욱 규명할 것이다.

原文 造茶

新茶揀去老葉 及梗梗 碎屑 鍋廣二尺 四寸 將茶一斤半 焙之 候鍋極
신차간거로엽 급피경 쇄설 과광이척 사촌 장다일근반 배지 후과극
熱始下茶 急炒 火不可緩 待熱方退火 徹入簁中 輕團枷數遍復下鍋中
열시하다 급초 화불가완 대열방퇴화 철입사중 경단가수편복하과중
漸漸減火 焙乾爲度 中有玄微難以言顯 火候均停 色香味 玄微未究 神
점점감화 배건위도 중유현미난이언현 화후균정 색향미 현미미구 신
味俱妙.
미구묘.

3. 辨茶(변다):차를 식별하는 일.

(1) 차의 오묘한 것은, 조다(造茶)의 정갈스러움과 장다(藏茶)의 적절함과 포법(泡法)의 적의(適宜)함이다..

(2) 그 우열은 솥의 좋고 궂음에 있고 청탁은 물과 불에 관계되는

데 향기를 맑게 하려면 솥의 불을 고르게 하는 것으로서,

(3) 불을 사납게 하면 익지 않고 타고, 불을 어둡게 하면 취색(翠色)을 잃고, 불을 길게 하면 너무 익어 버리고, 빨리 하면 설익느니라. 익으면 노란 색이 되고, 날로 있으면 몹시 검고, 순하면 달고, 거역하면 떫게 된다. 흰 점이 없는 것은 무방하며, 잘 덖은 것을 가장 좋은 차로 친다.

原文 辨茶

茶之妙 在乎始造之精 藏之得法 泡之得宜 優劣宜乎始鍋 淸濁係水火
다지묘 재호시조지정 장지득법 포지득의 우열의호시과 청탁계수화
火香淸 鍋乘神倦 火盟生焦 柴疎失翠 久延則鍋熟 早起卻边生 熟則犯
화향청 과승신권 화맹생초 시소실취 구연칙과숙 조기극변생 숙칙범
黃 生則著黑 順那則甘 逆那則澁 帶白點者無妨 絶焦者最勝.
황 생칙저흑 순나칙감 역나칙일 대백점자무방 절초자최승.

4. 藏茶(장다) 차를 저장하는 일.

(1) 차를 만들어서 처음 말릴 때에는 먼저 함지에 담아 겉을 종이로 봉한 다음 3일이 지난 후 그 품성이 회복되는 것을 기다렸다가 다시 약한 불로 말려서 냉각시킨 후 병에 저장한다.

(2) 조금씩 병에 담아, 대나무 순의 껍질로 누르고 또 몇 차례 종

이와 피편으로 빈틈없이 쑤시고 봉한 후 연와(煙瓦)를 얹어 차실에 두는데 이때 차실에는 바람이 스며들거나 화기가 있어서는 안된다.

(3) 바람이 스며들면 냉해지고 화기에 접하면 황색으로 변한다.

原文 藏茶

造茶 始乾先盛舊盒中 外以紙封口 過三日 俟其性復 復以微火焙極乾
조다 시건선성구합중 외이지봉구 과삼일 준기성복 복이미화배극건
待冷貯壜中 輕輕築實 以箬襯緊 將花筍 箬及紙 數重封紮壜口 上以火
대냉저담중 경경축실 이약친긴 장화순 약급지 수중봉긴담구 상이화
煨磚冷定 壓之 置茶育中 切勿臨風 近火臨風易冷 近火先黃.
외전냉정 압지 치다육중 절물임풍 근화임풍이냉 근화선황.

5. 火候(화후):불을 다루는 일.

(1) 차를 끓이는 요령의 제일은 불이다. 화로의 불이 완전히 달은 후 다관을 얹어서, 가볍게 빨리 끓여야 한다. 이것을 문무지후(文武之候)라 한다. 문(文)이 과하면 수성(水性)이 유(柔)하게 되고, 수성이 유하면 차가 뒤지며, 무(武)가 과하면 화성(火性)이 극렬해져서, 차를 위해 물이 억제된다.

(2) 이것은 모두 중화(中和)가 모자란 것이라서 다인의 할 바 아

니니라.

原文 火候

烹茶旨要 火候爲先 爐火通紅 茶瓢始上 扇起要輕疾 待有聲 稍稍重疾
팽차지요 화후위선 노화통홍 다표시상 선기요경질 대유성 초초중질
斯文文武之候也 過於文 則水性柔 柔則爲茶降過 於武則火性烈 烈則
사문문무지후야 과어문 칙수성유 유칙위다강과 어무칙화성열 열칙
茶爲水制 皆不足於中和 非烹家要旨也.
다위수제 개부족어중화 비팽가요지야.

6. 湯辨(탕변):탕을 식별하는 일.

(1) 탕에는 삼대변(三大辨)과 십오소변(十五小辨)이 있다. 하나는 형변(形辨)이고, 둘은 성변(聲辨)이며,셋은 기변(氣辨)이다.

(2) 형(形)은 내변(內辨)이고, 성(聲)은 외변(外辨)이며, 기(氣)는 첩변(捷辨)이다. 게눈(蟹眼.해안), 새우 눈(蝦眼.하안), 고기 눈(魚眼.어안), 구슬(連珠.연주)은 모두 萌湯(맹탕)이다.

(3) 너무 많이 끓여서 수기(水氣)가 없어지면 이것을 순숙(純熟)이라 하는데, 그때의 초성(初聲) · 전성(轉聲) · 진성(振聲) · 취성(驟聲)이 모두 맹탕(萌湯)이고, 곧 소리가 끊기면 결숙(結熟)이 된다.

(4) 기(氣)가 떠서, 일루(一縷)에서 사루(四樓)에 이르러 왕성한 기운을 분별하기 어려울 지경에 이르면 맹탕이고, 곧 기운이 충만한 것을 순숙(純熟)이라 한다.

原文 湯辨

湯有三大辨 十五小辨 一曰形辨 二曰聲辨 三曰氣辨 形爲內辨 聲爲外
탕유삼대변 십오소변 일왈형변 이왈성변 삼왈기변 형위내변 성위외
辨 氣爲捷棲辨如 蟹眼 蝦眼 魚眼 連珠 皆爲萌湯 直如湧沸 如騰波鼓
변 기위서서변여 해안 하안 어안 연주 개위맹탕 직여용비 여등파고
浪 水氣全消 方是純熟 如初聲 轉聲 振聲 驟聲 皆爲萌湯 直至無聲
낭 수기전소 방시순숙 여초성 전성 진성 취성 개위맹탕 직지무성
方是結熟 如氣浮一縷 浮二縷 三四縷 亂不分氤氳亂縷 皆爲萌湯 直至
방시결숙 여기부일누 부이누 삼사누 난불분인온난누 개위맹탕 직지
氣 直沖貫 方是純熟
기 직충관 방시순숙.

7.湯用老嫩(탕용노눈): 탕에 쓰는 늙은 눈과 어린눈.

(1) 채군모(蔡君謨)는 어린 눈(嫩芽)을 쓰고, 늙은 눈(老芽)은 쓰지 않았다. 옛 사람들은 차를 만들면 곧 절구(碾)에 넣어서 찧고, 찧으면 곧 갈고(磨), 갈면 곧 엷은 비단으로 거르고, 거르면

가루가 날리기 때문에 조제하여 용단(龍團)을 만든다.

(2) 그때 탕을 보면 다신(茶神)은 떠 있을 것이다. 이것은 어린 눈을 쓰고 늙은 눈은 쓰지 않는 까닭이다. 지금은 제다에서, 갈고 거르는 짓을 않는다. 또, 잎 그대로는 용단을 만들지 않는다.

(3) 차는 탕을 충분히 해야 다신(茶神)이 나오는 것이다. 그래서 말하기를 5포(五包)를 끓여야 차의 삼기(三奇)가 나타난다고 하였느니라.

原文 湯用老嫩

蔡君模 湯用嫩而不用老 盖因古人製茶 造則必碾 碾則必磨 磨則必羅

채군모 탕용눈이불용노 개인고인제다 조칙필년 연칙필마 마칙필라

則味爲飄塵飛粉矣 於是和劑 印作龍團 則見湯而茶神硬浮 此用嫩血不

칙미위표진비분의 어시화제 인작용단 칙견탕이다신경부 차용눈혈불

用老也 今時製茶 不假羅碾全具元體 此湯須純熟 茶神始發也 故曰湯

용로야 금시제다 불가라년전구원체 차탕수순숙 다신시발야 고왈탕

須五沸 茶奏三奇

수오비 다주삼기

8.泡法(포법):차를 끓이는 법.

(1) 탕이 순숙(純熟)한 것을 확인한 후, 조금 따라서 병에 부었다가 냉기가 가신 후 탕을 버리고 나서, 차를 적당하게 넣고, 탕을 넣는 것인데, 여기서 중정(中正)을 잃지 않게 하여야 한다.

(2) 차가 많으면 맛이 쓰고 향기가 떨어지며 물이 많으면 색깔이 엷고 맛이 나지 않는다. 병을 다시 쓸 때에는 냉수로 씻어 내어 깨끗하게 하여야 한다. 그렇게 않으면 차의 향기가 줄어들기 때문이다.

(3) 초숙(礁熟)하면 다신(茶神)이 건전하지 못하고, 병이 깨끗하면 물이 신령하게 된다. 차는 찻물이 중화(中和)하는 것을 기다려, 찬 베에 걸러서 마시는 것이다. 너무 빨리 걸러도 안되고 너무 늦게 마셔도 안된다. 빠르면 다신(茶神)이 생기지 않고, 늦으면 향기가 소실된다.

原文 泡法

探湯純熟便取起先注小許 壺中袪湯冷氣 傾出然後投茶 葉多寡宜酌 不
탐탕순숙편취기선주소허 호중거탕냉기 경출연후투다 엽다과의작 불
可過中失正 茶重則味苦香沈水勝 則色淸味寡 兩壺後又用冷水蕩滌 使
가과중실정 다중칙미고향침수승 칙색청미과 양호후우용냉수탕척 사
壺凉潔 不則減茶香矣 礶熱則茶神不健 壺淸水性當靈 稍俟茶水沖和然
호양결 불칙감다향의 관열칙다신불건 호청수성당령 초사다수충화연

後冷釃布飮 釃不宜早 飮不宜遲 早則茶神未發 遲則妙馥先消.

후냉시포음 시불의조 음불의지 조칙다신미발 지칙묘복선소.

9. 投茶(투다):차를 넣는 법.

(1) 차를 넣는 것도 차례대로 해야 하느니라. 그 적당함을 잃으면 안된다.

(2) 차를 먼저 넣고, 탕을 다음에 하는 것을 하투(下投)라 하고, 탕을 반쯤하고, 차를 넣은 다음 탕을 다하는 것을 중투(中投)라 하고, 탕을 먼저 하고 나서 차를 넣는 것을 상투(上投)라 한다.

(3) 봄과 가을에는 중투를 하고, 여름에는 상투를 하고, 겨울에는 하투를 하는 것이니라.

原文 投茶

投茶行序 毋失其宜 先茶湯後曰下投 湯半下投 復以湯滿曰中投 先湯

투다행서 모실기의 선다탕후왈하투 탕반하투 복이탕만왈중투 선탕

後茶曰上投 夏上投 冬下投.春秋中投.

후차왈상투 하상투 동하투.춘추중투.

10. 飮茶(음다):차를 마시는 일.

(1) 차를 마실 때, 객은 적어야 좋은 것이다. 객이 많으면 수선스러워서 아취를 잃게 된다.

(2) 홀로 마시는 것을 신(神)이라 하고, 객이 둘이면 승(勝), 서넛이면 취(趣), 대 여섯이면 범(泛), 칠 팔이면 시(施)라 하느니라.

原文 飮茶

飮茶以客少爲貴 客衆則喧 喧則雅趣乏矣 獨啜曰神 二客曰勝 三四曰
음다이객소위귀 객중칙훤 훤칙아취핍의 독철왈신 이객왈승 삼사왈
趣 五六曰泛七八曰施.
취 오육왈범칠팔왈시.

11. 香(향):향기.

(1) 차에는 진향(眞香) 난향(蘭香) 청향(淸香) 순향(純香)등이 있다.

(2) 겉과 속이 똑같은 것을 순향이라 하고,

(3) 설익지도 않고 너무 익지도 않은 것을 청향이라 하고,

(4) 화후(火候)가 고른 것을 난향이라 하고,

(5) 비오기 전에 채다(採茶)하여 싱그러움을 갖춘 것을 진향이라 한다. 또 함향(含香), 누부향(漏浮香), 간향(間香) 등이 있으나,

그것은 모두 좋지 못한 향이다.

原文 香

茶有眞香 有蘭香 有淸香 有純香 表裏如一曰純香 不生不熟曰淸香 火
다유진향 유난향 유청향 유순향 표리여일왈순향 불생불숙왈청향 화
候均停曰蘭香 雨前神具曰眞香 更有含香 漏浮香間香 此皆不正之氣.
후균정왈난향 우전신구왈진향 갱유함향 누부향간향 차개불정지기.

12. 色(색):빛깔.

차는 맑은 취색(翠色)을 상품으로 치고, 남백(藍白)한 것을 중품으로 치며, 황, 흑, 홍, 혼(昏)은 모두 하품으로 친다. 또 운도(雲濤)를 상으로, 취도(翠濤)를 중으로, 황도(黃濤)를 하로 치며, 새물과, 싱싱한 불로 끓인 정성들인 한 잔의 차는 비길 데 없이 좋다.

原文 色

茶以 淸翠爲勝 濤以藍白爲佳 黃黑紅昏 俱不入品 雲濤爲上 翠濤爲中
다이 청취위승 도이남백위가 황흑홍혼 구불입품 운도위상 취도위중
黃濤爲下 新泉活火煮茗玄工 玉茗水濤 當杯絶枝.
황도위하 신천활화자명현공 옥명수도 당배절지.

13. 味(미) 맛.

맛은 감윤(甘潤)을 상으로 치고, 고체(苦滯)를 하로 친다.

原文 味

味二甘潤爲上 高滯爲下.

미이감윤위상 고체위하.

14. 點染失眞(점염실진):잡것이 섞이면 진을 잃는다.

차는 스스로 진향(眞香)과 진색(眞色)과 진미(眞味)를 지니고 있으나, 한번 잡것이 섞이면 그 진(眞)을 잃는 것이다. 물에 감미(甘味)를 넣거나, 차에 염료를 묻히거나, 잔에 생강이 묻으면 진(眞)을 잃는다.

原文 點染失眞

茶自有眞香 有眞色 有眞味 一經點染 便失其眞 如水中着鹹 茶中着料

다자유진향 유진색 유진미 일경점염 편실기진 여수중착함 다중착료

碗中着着菓皆失眞也.

완중착착과개실진야.

15. 茶變不可用(다변불가용):변질한 차는 쓰지 않는다.

차는 만들면 청취색이 되는데 저장을 잘못하면, 처음에는 녹색으로 변하고, 다음은 황색으로 다음은 흑색으로 다음은 백색으로 변한다. 이것을 마시면 위를 차게 만들고, 기를 마르게 하여 결국 병이 쌓이게 된다.

原文 茶變不可用

茶始造則青翠 收藏不得其法一變至綠 再變至黃 三變至黑 四變至白食
다시조칙청취 수장불득기법일변지록 재변지황 삼변지흑 사변지백식
之則寒胃 其之瘠氣成積.
지칙한위 기지척기성적.

16. 品泉(품천):물의 품성.

(1) 차는 물의 신(神)이요, 물은 차의 체(體)이니, 진수(眞水)가 아니면 그 신기(神氣)가 나타나지 않고, 정다(精茶)가 아니면 그 체(體)를 엿볼 수 없느니라.

(2) 산정(山頂)의 샘물은 맑으며 가볍고, 수하(水下)의 샘물은 맑으며 무겁고, 석중(石中)의 샘물은 맑으며 달고, 사중(沙中)의 샘물은 맑고 차며, 토중(土中)의 샘물은 담백하며, 황석(黃石)으

로 흐르는 물은 쓸 만하나, 청석에서 나는 물은 쓰지 않다.

(3) 유동하는 물은 안정한 물보다 더 좋고, 그늘의 물은 햇빛을 받은 물보다 좋다. 진수(眞水)는 맛이 없고 향기가 나지 않는 것이다.

原文 品泉

茶者水之神水者茶之體 非眞水莫顯其神 非精茶莫窺其體 山頂泉淸而
다자수지신수자다지체 비진수막현기신 비정차막규기체 산정천청이
輕 水下泉淸而重 石中泉淸而甘 砂中泉淸而冽 土中泉淡而白 유어황
경 수하천청이중 석중천청이감 사중천청이열 토중천담이백 유어황
石爲佳 瀉出靑石無用 流動者愈於安靜 負陰者眞於陽 眞原無味 眞水
석위가 사출청석무용 유동자유어안정 부음자진어양 진원무미 진수
無香.
무향.

17. 井水不宜茶(정수불의다) :우물 물은 좋은 찻물이 아니다.

다경(茶經)에 이르기를 산수(山水)가 상, 강수(江水)가 하, 우물이 최하라고 했다. 가까운 곳에 산이 없고, 마침내 샘물이 없으면, 봄에 매우(梅雨)를 받아 둘 것이니라. 그 맛이 감화(甘和)하여 만물을 장양(長養)하게 한다. 설수(雪水)는 맑다고 하지만 성깔이 중음(重陰)하

여 비위(脾胃)에 한기(寒氣)를 잃게 하는 것이니, 많이 마시면 좋지 않느니라.

原文 井水不宜茶

茶經云 山水上 江水下 井水最下矣 第一方不近山 卒無泉水惟當春積
다경운 산수상 강수하 정수최하의 제일방불근산 졸무천수유당춘적
梅雨其味甘和 雪水雖淸 乃長養萬物之水 雪水雖淸 性感重陰 寒入脾
매우기미감화 설수수청 내장양만물지수 설수수청 성감중음 한입비
胃不宜多積.
위불의다적.

18. 貯水(저수):물을 저장하는 법.

(1) 매우(梅雨)를 담은 항아리를 그늘진 뜰에 놓고 베로 덮어 별빛과 이슬을 받게 하면 싱그러운 맛을 항상 지니게 하는 것이다. 그렇지 않고, 가령 나무나 돌로 눌러 두거나, 종이나 대발로 덮어서 햇빛을 쪼이게 하면 그 싱그러움은 없어지는 것이니, 차를 마시는 데는 명심할 일이다.

(2) 그래서 차는 깨끗해야 하고 물은 영글어야 하는 것인데, 만약 차가 깨끗하지 못하고, 물이 영글지 못하면, 개골창 물과 다를 바가 없는 것이다.

原文 貯水

貯水甕 須置陰庭中 覆以紗帛 使承星露之氣 則英靈不散 神氣常存 假

저수옹 수치음정중 복이사백 사승성로지기 則英靈不散 신기상존 가

令壓之以木石 封以紙箬曝 于日下則外耗散神 內閉其氣 水神弊矣 飮

령압지이목석 봉이지약폭 우일하칙외모산신 내폐기기 수신폐의 음

茶惟貴夫 茶鮮水靈茶失其鮮 水失其靈則與溝渠何異.

다유귀부 다선수령다실기선 수실기령칙여구거하이.

19. 茶具(다구):차의 용기.

(1) 육우(陸羽)는 다구로, 은그릇을 썼으나 너무 사치스러워서 자기로 바꾸었는데 이것은 잘 깨지므로 결국 은그릇을 쓰게 되었다고 한다.

(2) 내 생각으로는 은그릇은 거들먹거리는 지체 높은 집에서나 쓸 것이며, 승려나 선비의 집에서는 백철 그릇이 마땅하나 이것은 차의 색과 맛을 없애는지라 쓸 수 없고, 또 구리나 쇠 그릇도 쓸 것이 못된다.

原文 茶具

桑苧翁 煮茶用銀瓢 謂過於奢侈 後用磁器 又不能耐久 卒歸於銀 愚意

상저옹 자다용은표 조과어사치 후용자기 우불능내구 졸귀어은 우의

銀者 貯朱樓華屋 若山茅齋舍 惟用錫瓢 亦無損於色味也 銅鐵忌之.

은자 저주누화옥 약산모재사 유용석표 역무손어색미야 동철기지.

20. 茶盞(다잔):찻잔.

찻잔은 흰 것을 으뜸으로 하고, 남백(藍白)한 것은 차색을 나쁘게 하지 않으니 그 다음으로 친다.

原文 茶盞

盞以雪白者爲上 藍白者不損茶色次之.

잔이설백자위상 남백자불손다색차지.

21. 拭盞布(식잔포):찻잔 행 주.

차를 마시기 전과 마신 후는 배와 마포로 잔을 닦아야 한다. 그 밖의 것은 깨끗하지 못하므로 쓸 수 없다.

原文 拭盞布

飮茶前後 俱用細麻布拭盞 其他物穢不堪用.

음다전후 구용세마포식잔 기타물예불감용.

22. 茶衛(다위): 茶의 위생 관리.

조다(造茶)는 정선(精選)하게, 장다(藏茶)는 건조하게, 포법(泡法)은 청결하게 하여야 하고, 정(精) · 조(燥) · 결(潔)을 다하는 것이 곧 다도 완수하는 것이다.

原文 茶衛

造時精 藏時燥 泡時潔 精燥潔 茶道盡矣.

조시정 장시조 포시결 정조결 다도진의.

23. 추기(追記): 추가 기록

戊子年(무자년, 1828년) 어느 비 오는 날, 방장산(方丈山)의 칠불아원(七佛啞院)으로 스승을 따라 가서 등초(騰抄)해 가지고 와서, 이를 정서하려고 했으나, 병이 나서 중지하고 있는데, 행자 수홍(行者 修洪)이 다도를 알고자 정서 하려다가 그 역시 병으로 중단하였으므로 내가 선의 여가에 붓을 잡아 이 다신전을 완성한 것이다. 처음이 있고 끝이 있음이 어찌 군자만의 도리겠는가. 많은 승려들 가운데는 조주(趙州)의 다도를 알고자 해도 이를 알 수 없는지라 이렇게 초시(抄示)한 것이다. 외람된 일이로다.

庚寅年(경인년)~1830年 봄, 휴암병선(休菴病禪)이 성창하(雪窓下)에서

화로를 안고 삼가 씀.

原文 追記

戊子雨際 隨師於方丈山 七佛啞院 謄抄下來 更欲正書而因病未果

무자우제 수사어방장산 칠불아원 등초하래 갱욕정서이인병미과

修洪沙彌吋 在侍者房 欲知茶道 正抄亦病未終 故禪餘强命管城子成終

수홍사미촌 재시자방 욕지다도 정초역병미종 고선여강명관성자성종

有時有終何獨君子爲之 叢林或有趙州風 而盡不知茶道 故抄示可畏

유시유종하독군자위지 총림혹유조주풍 이진부지다도 고초시가외

庚寅仲春 休菴病禪雪窓擁爐 謹書

경인 중춘 휴암병선설창옹노 근서

차와 문화

2011년 2월 20일 초판 인쇄
2011년 2월 28일 초판 발행

지은이 조춘호

펴낸이 이준구
펴낸곳 대구한의대학교출판부
(우)712-715 경북 경산시 한의대로 1번지
전화 (053)819-1577, 1578
FAX (053)819-1262
출판등록 1987년 11월 21일 경산 제2호

ISBN 978-89-87696-82-9 03300
정가 12,000원